王裕宁◎编著

逻辑通识与批判性思维训练

苏州大学出版社
Soochow University Press

图书在版编目(CIP)数据

逻辑通识与批判性思维训练/王裕宁编著. —苏州：
苏州大学出版社，2014.11
ISBN 978-7-5672-1123-0

Ⅰ.①逻… Ⅱ.①王… Ⅲ.①逻辑学-高等职业教育-教学参考资料②思维方法-高等职业教育-教学参考资料 Ⅳ.①B81②B80

中国版本图书馆CIP数据核字(2014)第254170号

逻辑通识与批判性思维训练
王裕宁 编著
责任编辑 史创新

苏州大学出版社出版发行
(地址:苏州市十梓街1号 邮编:215006)
苏州恒久印务有限公司印装
(地址:苏州市友新路28号东侧 邮编:215128)

开本 890×1240 1/32 印张 8.25 字数 222 千
2014年11月第1版 2014年11月第1次印刷
ISBN 978-7-5672-1123-0 定价:22.00元

苏州大学版图书若有印装错误,本社负责调换
苏州大学出版社营销部 电话:0512-65225020
苏州大学出版社网址 http://www.sudapress.com

序

作为江苏省哲学社会科学项目“高职生批判性思维培育”的研究成果，王裕宁老师所著《逻辑通识与批判性思维训练》即将付梓问世，可喜可贺！

近年来，批判性思维及其在国民教育体系中之作用研究的兴起，标志着我国全面推进素质教育和创新性人才培养的事业进入新的阶段，也为认识与发挥逻辑的社会功能提供了新的条件。以对“合理怀疑、合理置信”为基本特征的批判性思维的深入把握，凸显出逻辑学的长期发展所锻造的理性精神之地位与作用。高职教育是国民教育体系中的一个重要层次，本书基于作者长期从事高职教育工作的经验，针对学生缺乏基础逻辑知识学习的大环境，在讲述逻辑基本知识和方法的基础上，引入批判性思维视角，注重阐述推理与论证的技能，结合各种能力型考试中的逻辑推理题，展开解析和训练，以期达到有效提升高职学生逻辑与批判性思维能力的效果。这对于激发学生的探索欲望，进一步强化素质，开发心智，拓展视野，培养独立思考能力和批判精神，从而使学生更好地适应今后社会发展和个人发展的多方面需要，是具有重要意义的。

联合国教科文组织的一份报告指出，在一次由50个国家500多位教育家列出的16项最关键的教育目标中，发展学生的逻辑思维能力位列第二。可见从世界范围来看，逻辑教育在整个教育体系中占据重要地位。人们对逻辑理性的重视也反映到人才选拔的各类考试中，例如申请美国大学研究生院所要求的标准化考试 GRE、GMAT、LSAT、MCAT 等都是能力型考试，其中一个重要的测试目标是检测考生的逻辑和批判性思维能力。SAT 是美国大学录取学生的主要依据，由批判性阅读、数学和写作三部分构成，其中大量题目涉及逻辑思维能力的考察。

自 20 世纪末以来，西方发达国家的大学逻辑教学出现了一种新的动向：论证逻辑与批判性思维课程兴起，并大大地影响了逻辑课程的发展方向。逻辑教科书编写的指导思想普遍以论证作为总的出发点和中心，然后将形式逻辑理论与非形式逻辑理论结合起来，培养学生的逻辑与批判性思维能力，以解决日常论证或论辩的逻辑问题。而随着国内教育界对逻辑教育重要性的逐步认识，在高校开设逻辑通识课程的呼声日渐高涨且已有不少成功实践。同时，随着我国高等教育与国际逐步接轨，我国的各类考试也在逐步借鉴国外先进的能力型考试模式。从 1997 年的 MBA 联考开始到目前，以考查逻辑与批判性思维能力为核心的逻辑推理测试已成为国内管理类、经济类和工程类等诸多专业硕士学位研究生入学考试和国家公务员录用考试的一个重要环节。对在学术型研究生考试乃至高考中如何加强逻辑思维能力的考察也正在多方探索，有望获得突破。作为作者多年探索的结晶，本书不但适合高职院校以培养和锻炼学生思维能力为宗旨的通识课程使用，而且值得引起所有关心逻辑与批判性思维教育的学者的关注。

王裕宁老师是无锡市逻辑学会副会长，江苏逻辑学会常务理事，中国逻辑学会会员。作为江苏逻辑学会团体会员的无锡市逻辑学会，经历了改革开放以后逻辑事业的波澜起伏，20 世纪 90 年代初，曾经开过只有六位同仁参加的年会。新世纪以来，在一批有高度使命感和责任感的骨干带领下，无锡市逻辑学会在逻辑的传播、普及应用，以及人员规模等方面创造了一个地级市学会的辉煌，受到全省和全国同行的称赞。王裕宁老师在20世纪80年代就参加了逻辑学会,从事逻辑研究,宣传逻辑思想,普及逻辑知识。一项业余的事业,凡三十年而不倦,难得的是一份历久弥坚的信念和执着。江苏逻辑事业,正是靠着许多像王裕宁老师这样的同仁,才一步步走到今天的。

刚刚结束的十八届四中全会,让"法治中国""法治思维"成为时代强音。"逻辑思维"是"法治思维"的"硬核"。法治思维的乐章必然少不了逻辑音符的谱就,法治中国的建设需要千千万万具有逻辑素养的现代公民。值此新的历史契机,愿与广大逻辑同仁共勉。

中国逻辑学会副会长
江苏逻辑学会会长　张建军

2014年10月18日

目录

第1章　引　论

1.1　逻辑的研究对象

1.1.1　逻辑的范畴

从自然、社会、思维三大学科的分类看，逻辑属于思维科学。恩格斯指出："逻辑是关于思维过程本身的规律的学说。"

1.1.2　思维的概念和特点

思维是人对事物抽象的把握，是由概念、命题、推理组成的认知模式。

思维是人的认识的理性阶段，是人脑对客观事物间接而概括的反映。人的认识可以分为感性认识和理性认识。感性认识是认识的初级阶段，是对客观事物的现象、部分和外部联系的反应。其形态是感觉、知觉和表象。经过对感性材料的加工整理，产生认识的飞跃，形成概念、命题和推理，把握事物的本质和规律，这就是理性认识阶段，也就是思维的阶段。

思维有两个最基本的特点，就是间接性和概括性。思维的间接性，一方面在于理性认识来源于感性认识，必须借助于感性材料才能形成；另一方面在于思维能根据已知推导出未知或新知，例如科学家曾根据万有引力推导出海王星的存在。正因为如此，人类才有可能理解那些不能亲自感知的东西。所谓“秀才不出门,全知天下事”就是这个道理。正是依靠间接性,人们的认识才可以纵横数万里,上下几千年。思维的概括性在于思维能够从个别事物的各种各样的属性中舍去那些表面的、非本质的属性,从而把握一类事物的内在的共同本质。例如“桌子”是指一切有支柱、有平面、能够在上面放置东西或进行操作的用具,而不管它是木质的还是石质的,也不管它是方形的还是圆形的。正是靠了思维的概括性,我们才能以简驭繁,认识千差万别、纷纭复杂的大千世界。

1.1.3 概念、命题、推理是基本思维单位

1. 概念

概念是反映事物特有属性的思维单位。

一切能够被思考的客体,有形的,无形的,物质的,精神的,存在的,不存在的,都是对象。因此,概念包罗万象。人思维的触角伸向哪里,哪里就有相应的概念。

对象的性质和对象之间的关系,统称为对象的属性。对象的属性分为偶有属性、固有属性和特有属性。

概念是把对象作为一个类来反映的。对某个类对象来说,如果某种属性为其中的某些对象具有,而不为另一些对象具有,则称为该类对象的偶有属性;如果某种属性为所有对象具有,则称为该类对象的固有属性;如果某种固有属性仅仅为该类对象具有,则称为该类对象的特有属性。

例如,对于“商品”这个类对象,“价廉物美”是偶有属性,“是劳动产品”是固有属性,“是为交换而生产的劳动产品”是特有属性。“商品”这个概念,只反映“为交换而生产的劳动产品”这种特有属性。

概念是思维对思维对象特有属性的反映。概念是逻辑思维的最基本单位。逻辑思维的基本要求是准确地把握和运用概念。

概念的形成和存在必须依赖于语词,每一概念都是同与它相应

的语词一起形成,并用语词把它确定下来、巩固起来和表达出来的。但是,概念和语词之间并不是一一对应的。这表现在:第一,任何概念都必须通过语词来表达,但不是所有的语词都表达概念。在汉语中,语词分为实词和虚词两大类,实词都是表达概念的,而虚词一般不表达概念。第二,同一概念可以用不同的语词来表达。例如"马铃薯""土豆"和"洋芋","宇宙观"和"世界观","诉讼"和"打官司",其中每一组语词所表达的都是同一概念。语言学把这种现象称作一义多词,如"母亲""妈妈""娘"。第三,同一语词在不同的语境中可以表达不同的概念。例如"逻辑"一词,既可以用来表达"客观规律"这个概念,还可以用来表达"逻辑学"这个概念。语言学把这种现象称作一词多义,如"夔一足",这里的"足",既可以指夔这个人只有一只脚,又可以指这件事只要夔一个人办就可以了。

2. 命题

命题是建立概念间意义联系、断定或陈述事物情况的思维单位。例如,"李白是大诗人""语言不是上层建筑"都是命题。通过建立"李白"与"诗人","语言"与"上层建筑"这些概念的联系,表述某种事物情况。

命题着眼于概念间的意义联系。当相异语句具有相同语义的时候,它们表达相同的命题。同一命题可以用不同语言表达,例如,"这是我的书。""This is my book."即使在同一种语言中,两个相异语句也可能表达相同的命题。例如,"雪是白的"这个命题也可以说成"冰的小结晶是白的",之所以是相同命题,取决于冰的小结晶可视为雪的有效定义。

逻辑中的命题和语言中的语句并不是一一对应的。语句运用概念进行判断,是命题的语言表达形式。任何命题都必须用语句表达,命题与语句又不完全对应。并非所有的语句都表达命题,而且同一个命题可以用不同的语句来表达。

有些语句表达命题,有些语句不表达命题。表达命题的语句有陈述句、疑问句中的反诘句、感叹句中的主谓句和偏正词组构成的非

主谓句。例如:

①地球是圆的。

②战士能够怕死吗?(战士不能够怕死。)

③祖国呵,我们的母亲!(祖国是我们的母亲。)

④多么蓝的天哪!(天是很蓝的。)

不表达命题的语句有祈使句、疑问句中的询问句、感叹句中的独词句。例如:

⑤请把门关上。

⑥你完成作业了吗?

⑦火!

同一个命题可用不同的话句表达。例如:

⑧这是我的书。　This is my book.

⑨偶数能够被2整除。　偶数难道不能被2整除吗?

可以表达同一个命题的语句就是同义句。

同一个语句可以表达不同的命题。例如:

⑩他的笑话说不完。

⑪老张在火车上写字。

例⑩既可以表达命题"他会讲许多笑话",也可以表达命题"他做事荒唐,关于他的笑话很多"。例⑪既可以表达命题"老张乘火车时写字",也可以表达"老张在火车的车厢上写字"。在实际生活中,可能会经常发现这种情况:一句话在字面意义之外,还可能有类似于戏剧中潜台词的言外之意,逻辑学上把这叫"预设义"或"隐含义"。在阅读文章或听别人说话的时候,要注意各种言外之意。

3. 推理

推理是一个命题序列,由一个或几个已知命题推出新命题的思维单位。例如:

⑫金属是导电的,铁是金属,所以铁是导电的。

⑬有些作家是青年,所以有些青年是作家。

推理的结构可以分为前提、结论两个部分。已知的命题叫作前提,推出的新命题叫作结论。任何推理都有这样两个组成部分,即推理所依据的命题和由它所推出的命题,前者叫作前提,后者叫作结论。推理不是命题的任意组合,在推理中,作为前提的命题与作为结论的命题之间必须有推论关系,其逻辑标志是“所以”。我们用P表示前提,用Q表示结论,任何推理都可以表示为:

P,所以,Q。

结论的真实,需要两个条件:一是前提真实,一是推理形式正确。两个条件缺一不可。例如:

⑭金属是不能导电的,铁是金属,所以铁是不能导电的。

⑮苹果是水果,梨不是苹果,所以梨不是水果。

例⑭结论虚假的原因是前提假。例⑮结论虚假的原因是推理形式不正确。

推理是多种多样的,可以根据不同的标准对推理进行不同分类:

首先,根据推理的前提和结论之间是否有蕴涵关系,把推理分为必然性推理和或然性推理。前提与结论之间有蕴涵关系(前提真则结论一定真)的推理叫作必然性推理,即演绎推理。前提与结论之间没有蕴涵关系(前提真而结论未必真)的推理叫作或然性推理。在或然性推理中依推理进程的不同,可以区分为归纳推理和类比推理,归纳推理是从特殊到一般的推理,类比推理是从特殊到特殊的推理。

其次,在演绎推理中,我们首先根据推理的前提是复合命题还是简单命题,把演绎推理分为简单命题的推理和复合命题的推理。简单命题的推理又可以区分为性质命题的推理(即直言推理)和关系推理。复合命题的推理又可以分为联言推理、选言推理、假言推理和负命题推理。

最后,根据推理是否包含有模态命题,我们把推理分为非模态推理和模态推理。

1.1.4 思维的逻辑形式

世界上的任何事物都有它的内容和形式。思维也是如此,有思维内容,也有思维形式。思维内容就是指思维所反映的特定对象及其属性;思维形式就是指思维内容的反映方式,即概念、命题和推理等。

由概念所构成的各种不同内容的命题自身所具有的共同结构,以及由命题所构成的各种不同内容的推理自身所具有的共同结构,就是思维的逻辑形式。简言之,思维的逻辑形式就是不同内容的命题和推理自身所具有的共同结构,所谓逻辑形式的研究就是将命题和推理形式化、符号化,从组织结构上把握命题和推理的特征。

既然思维存在着一定的形式结构,那么就需要用办法来刻画它们。而要刻画思维的形式结构,逻辑常项和逻辑变项的使用是必不可少的。

为了有助于理解常项和变项的意义,看一个数学的例子。数学为了表示加法满足交换律,通常使用下面一个公式:$a+b=b+a$。其中,“a”和“b”就是变项,它们可以表示任一数字或公式,可用任一数字或公式对它们作代入。显然,变项的使用使这一公式具有了一般的意义。其中的“+”和“=”就是常项,它们有着固定的数学意义,用以表示公式的结构和变项之间的数学关系。借助常项和变项,数学就可以清晰地、准确地刻画和表述各种数学上的规律。

和数学中的常项和变项的意义及用法相类似,逻辑变项是指思维形式中可变的部分,它们可以在某一特定领域内,表示思维的任一具体内容,当我们用任一具体内容对它们作代入时,都不改变其逻辑结构。逻辑常项是指思维形式中不变的部分,它表示一种确定的逻辑关系,依据它们,我们可以把思维形式区分为不同的类型。逻辑常项是区分不同类型命题的唯一依据。

1.1.5 命题形式

命题形式是组成命题各逻辑变项间的联结方式。看几个命题的例子:

①所有好律师都是精通法律的。

②所有鱼都是生活在水中的。

③所有商品都是有价值的。

这三个命题的内容不同,但组织结构相同:它们都是由“所有”和“是”(“都”在这里与“所有”同义,可略去不计)联结两个概念构成。用S和P分别代替由“所有”和“是”联结的两个概念,则这三个命题的组织结构就可表示为:

所有S是P

这种命题的组织结构,称为命题形式,或命题的逻辑形式。在“所有S是P”这个命题形式中,“所有”和“是”是确定不变的部分,表明了一定的逻辑意义,称为逻辑常项;S和P则可在概念的范围内任意取值,并不固定地特指哪个概念,称为逻辑变项。再看下例:

④小张会德语,或者会法语。

⑤这台电脑软件出了问题,或者硬件出了毛病。

这两个内容不同的命题,也有共同的组织结构:它们都是由“或者”联结两个命题构成。用p和q分别代替由“或者”联结的两个命题,则④和⑤这两个命题的形式可表示为:

p或者q

在这个命题形式中,“或者”是逻辑常项,p和q是逻辑变项。与上述S和P不同的是,这里p和q的取值范围是命题,而不是概念。

1.1.6 推理形式

推理形式是组成推理各命题间的联结方式,由前提和结论构成。

与命题一样,推理也有组织结构,推理的组织结构称为推理形式,或推理的逻辑形式。例如:

①所有商品都是有价值的,所有化妆品都是商品,所以,所有化妆品都是有价值的。

②所有大学生都是学过外语的,所有女大学生都是大学生,所以,所有女大学生都是学过外语的。

这两个推理内容不同,但组织结构相同:它们都包含着三个不同命题,每个命题都是由“所有”和“是”联结两个概念构成;在这两个推理中,由“所有”和“是”联结的不同概念各有三个,每个概念出现两次,并且三个不同概念在两个推理中的位置一一对应。用 M、P、S 分别代替这两个推理中由“所有”和“是”联结的三个不同概念,则这两个推理的形式可表示为:

所有 M 是 P
所有 S 是 M
———————
所以,所有 S 是 P

看下面两个推理:

③如果某甲患急性肺炎,那么某甲发高烧,
某甲患急性肺炎,
———————
所以,某甲发高烧。

④如果水温降到冰点以下,那么水将结冰,
水温降到冰点以下,
———————
所以,水结冰。

上述③④内容不同的两个推理却有着相同的思维形式结构:

如果 p,那么 q
p
———————
所以 q

它们都包含着三个不同命题,第一个命题都是由“如果”和“那么”联结两个命题 p、q 构成;第二、第三个命题分别用 p、q 代替,就形成一个共同的形式结构。

以上所述命题形式和推理形式,可统称为思维形式,或思维的逻辑形式。

1.1.7　形式逻辑研究的对象

形式逻辑研究命题和推理的形式,一般不研究命题和推理的内容。

任何具体思维都有它的内容,也有它的形式。任何具体思维,都涉及一些特定的对象。例如,数学中的具体思维,就涉及数量与图形这些特定对象;物理学中的具体思维,就涉及声、光、电、力等特定的对象;政治经济学中的具体思维,就涉及生产关系、商品、价值等特定的对象。各个不同领域中的具体思维所涉及的对象是不相同的,但是,在各个不同领域的具体思维中,又存在着一些共同的因素。例如,在各个不同领域的具体思维中,都要应用“所有……都是……”“如果……那么……”这些思维因素。各个不同领域的具体思维都需要应用的共同思维因素,就是具体思维的形式,或者说,就是思维形式。各个不同领域的具体思维所涉及的特殊对象,就是具体思维的内容,或者说,就是思维内容。

思维形式和思维内容是有区别的,思维形式对于思维内容而言有相对独立性,即同一思维形式可以具有不同的思维内容。各门具体科学都是从客观世界的统一体中,抽出某个方面作为自己的研究对象。例如,天文学是从客观世界的统一体中,抽出天体结构和演化作为自己的研究对象。政治经济学是从客观世界的统一体中,抽出人类社会在各个发展阶段上支配物质资料的生产和分配规律作为自己的研究对象。涉及思维内容方面的问题不是形式逻辑所研究的对象,而是其他具体科学所研究的对象。形式逻辑只研究思维形式而不研究思维内容,这不是要把思维形式和思维内容割离开来。相反,形式逻辑研究思维形式,正是为了使人们自觉地掌握思维形式的规律,从而更好地把思维形式和思维内容结合起来,以正确反映客观现实。

由于对命题和推理的形式的研究在逻辑学中居于主导地位,所以逻辑学也被称为形式逻辑。逻辑学研究思维形式的目的,是为了揭示与之有关的思维规律以及思维方法,从而为人们正确地进行思维活动提供规范。因此,逻辑学就其主体而言,可以说,是研究思维形式,并揭示与之有关的思维规律及思维方法的学科。

1.1.8 逻辑研究推理形式的目的

逻辑研究推理形式的目的是如何从真前提保证推出真结论。

需要特别指出的是,在逻辑所研究的逻辑形式中,推理形式是它的主体。离开了对推理形式的研究,对命题形式的研究就失去了意义。命题是推理的组成部分,是构成推理的要素,逻辑研究命题形式是为分析推理形式提供依据的。概念是命题的组成部分,是构成命题的要素,逻辑研究概念是出于准确地分析命题形式的需要,归根到底,也是为分析推理形式提供依据的。

推理形式的有效性,亦称"保真性",指一个推理必须确保从真的前提推出真的结论。尽管从假的前提出发也能进行合乎逻辑的推理,其结论可能是真的,也可能是假的,如果从真前提出发进行有效推理,就只能得到真结论,不能得到假结论。只有这样,才能保证使用这种推理工具的安全性。对于正确推理来说,这种保真性是最起码的要求。我们把已具有保真性的推理,叫作"有效推理"。

可以这样来考察一个直言命题推理,比如说 M 的有效性。先用相应的变项来置换 M 中除逻辑常项之外的其他一切词项,由此得到一个推理形式 M′,然后对 M′中的变项作不同的解释,看能否得到 M′的一个特例有真前提和假结论,如果 M′的一个特例 N 有真前提和假结论,这就说明 M′不能保证从真前提只得到真结论,因此 M′不是一个有效的推理形式,相应地,M 也不是一个有效的推理。例如:

①所有巧克力都是可以吃的,
所有石头都不是巧克力,
所以,所有石头都不是可以吃的。

从中我们可以抽象出一个推理形式①′:所有 M 都是 P,所有 S 都不是 M,所以,所有 S 都不是 P。

我们仍用"巧克力"代入 M,用"可以吃的"代入 P,但改用"烤鸭"代入 S,由此得到:

②所有巧克力都是可以吃的,

所有烤鸭都不是巧克力,

所以,所有烤鸭都不是可以吃的。

显然,这个推理有真前提和假结论,因此①′不是一个有效的推理形式,例①本身也不是一个有效推理,尽管它有真前提和真结论。

1.2 逻辑的性质与功能

1.2.1 逻辑的性质

逻辑具有全人类性、基础性、工具性。

1. 逻辑的全人类性

两千多年前,逻辑学在世界三个不同的地方发源了。这三个源头是中国、印度和希腊。两千多年前的中国春秋战国时期,学术思想上出现了百家争鸣的繁荣局面。逻辑学应运而生。诸子百家为了论证自己的主张,反驳别家思想,扩大本学派的影响,都很注意辩论的方法和规则。这就使逻辑学有了萌发的基础和条件。孟子曾说:“予岂好辩哉,予不得已也。”荀子说得更明确:“君子必辩。”中国古代的逻辑起源于论辩,因此逻辑学被称为“辩学”。要辩论,就要明确概念,就要注意名实关系。因此,中国古代的逻辑学又叫“名学”,那时的逻辑学家也被称为“名家”或“辩者”。惠施、公孙龙、墨子、荀子等人的著述中都有许多逻辑的思想,以《墨经》的贡献为最。墨家对于逻辑的认识集中体现在《墨经》中,该书对于逻辑已有了系统的论述。例如,它区分了充分条件与必要条件,提出“大故(充分必要条件),有之必然,无之未必然”与“小故(必要条件),有之不必然,无之必不然”。

古代印度的逻辑称为“因明”。“因”指原因或理由,“明”指知识或学问。“因明”即探求原因或理由的学问,关于推理和论证的学说。代表作有陈那的《因明正理门论》。

古希腊是逻辑学的主要诞生地。比古代中国名学稍早一些时候,大约公元前六世纪至五世纪,逻辑学与哲学一道,发源于古希腊。当时的希腊,演说论辩之风盛行。同时,自然科学有了长足的进步,以欧几里得几何学为代表的演绎科学,以其严密的演绎证明体系,为逻辑学的产生准备了重要条件。古希腊最伟大的思想家亚里士多德的集大成之作《工具论》奠定了逻辑科学的基础。

关注论辩,重视理由,密切联系自然语言是逻辑的优良传统。亚里士多德当初就是用"论辩术"来指称"逻辑学"的。

2. 逻辑的基础性

中文"逻辑"一词,是由英语 logic 音译过来的。它的词源是古希腊的"逻各斯",在希腊语中"逻各斯"(Logos)就是规律、次序,由此派生出"尺度""关系""理性""批判"等意义。在西方文化中,关于"科学"的词尾-logy 也是由"逻各斯"的上述意义引申出来的。如 climatoloty(气候学),oceanology(海洋学),ontology(本体论),sociology(社会学),anthropology(人类学),archeology(考古学),geology(地质学),biology(生物学),meteorology(气象学),mineralogy(矿物学),etyonlogy(人种学),民族学 entomology(昆虫学),palaeoanthropology(古人类学)。列宁曾经引用黑格尔的话:"任何科学都是应用逻辑。"华罗庚说:"现代科学的突飞猛进有两大基础,一个基础就是从尽可能少的假定出发,凭逻辑推理,解释尽可能多的问题。"

正是由于逻辑在所有学科中的基础地位,联合国教科文组织在 1974 年公布的学科分类目录中,将基础学科分为数学、逻辑学、天文学和天体物理学、地球科学和空间科学、物理学、化学和生命科学七大类;1977 年出版的《大英百科全书》把知识分为逻辑学、数学、科学(包括自然科学、社会科学和技术科学)、历史学和人文学(主要指语言文字)、哲学,将逻辑学列为五大学科之首。逻辑学在世界上备受尊崇。

3. 逻辑的工具性

人们认识世界,不可能完全靠亲自感知,正是靠了逻辑这个工具,人们才能够通过旧知推出新知,获得许多间接知识。恩格斯指出:“甚至形式逻辑也首先是探索新结论的方法,由已知到未知的方法。”无论是整个人类对世界的探究,还是作为个体对知识的获取,都必须借助于逻辑这个工具。人们思维的质量决定人们所做的每一件事情的质量。逻辑是思想内容表达的必要工具。文章都是表达思想的,如果思想不合逻辑,那么语言就不能是清晰的、有条理的。要论证一思想,必须运用推理这个工具,要求清晰、有条理,防止偷换概念、转移论题、答非所问、自相矛盾、模棱两可。2002 年 7 月 21 日,牛津大学校长卢卡斯在北京大学讲了这样一段话:“当你上大学的时候,要时刻注意有三个目标要实现,其一是要学会怎样去推理,从而可以顺利地解决你从来没有遇到过的问题;其二就是当你做错事情时,你应该怎么去处理;最后就是一定要使你的心灵发生变化,使你的思维方式发生变化。如果上过大学,心灵还没有改变,那么大学就算白上了。”从这段话里也可以看出逻辑学对于大学生的重要性。

1.2.2 逻辑的功能

逻辑具有加强和改善民族思维能力、锻炼和提高公民理性素质的功能。中国到汉代,罢黜百家,独尊儒术,名学渐趋式微。印度的因明,很大程度上限于佛场之内,对社会影响不大。真正发展起来的,是古希腊的逻辑。在亚里士多德之后,古希腊的斯多葛学派研究了命题逻辑。17 世纪,英国思想家弗兰西斯 · 培根提出了归纳法,其代表作是《新工具论》,约翰 · 穆勒发展了培根的归纳逻辑,系统地阐述了寻求因果联系的方法。德国古典哲学家康德首次使用了“形式逻辑”的名称。“传统逻辑”指的就是由亚里士多德首创一直到 19 世纪中叶欧洲的逻辑学说。欧洲逻辑传入我国是 17 世纪的事情,明末李之藻与葡萄牙传教士傅汎合作,将葡萄牙的大学逻辑讲义《亚里士多德论辩学概论》译成《名理探》一书,但由于译文艰涩,加之当时的中国尚未形成接受逻辑思想的文化土壤而影响不大。20 世纪初,近代启蒙思想家严复将穆勒的《逻辑体系:归纳与演绎》译为《穆勒名学》,西方逻辑才逐渐在中国传播开来。

秦汉以后对逻辑的轻视,对中国社会的影响是重大的,南京大学张建军教授认为,这正是中国在近代科学舞台上大大落后于西方的重要原因之一。对此,中国近代的先进分子们是深有感触的。1840年鸦片战争以后,变法图强,向西方学习,迎进“德先生”和“赛先生”成为中国先进分子的共识。但以严复、王国维、胡茂如、王延直等为代表的一批学者认为,向西方学习以拯救祖国的首要任务,是向西方学习研究科学的思维方法,这种思维方法的核心就是逻辑学。他们认为,西方先进的科学技术固然应该学习,但这不是最根本的,使西方发达的“命脉”即根本原因在于其研究科学的方法即逻辑学,故逻辑学之输入才是当务之急。正是在这种思想支配下,他们译介了不少西方传统逻辑著作,使西方传统逻辑系统输入我国,这一引进“逻先生”之举在我国思想界产生了深远影响。

亚里士多德早就指出,只有具有理性讨论公共利益能力的人,才适合成为公民。现代社会是民主社会。民主社会的组成单位是“公民”,它或多或少与以下八个标准相联系:(1)公民利益的政治表达;(2)大多数原则;(3)公民参与政治;(4)言论自由;(5)其他人权和政治权;(6)法律的确定性;(7)分权;(8)当权者的责任性。不难看出,其中的(1)、(3)、(4)显然和逻辑思维直接相关。

在几百年前,几乎所有国家都以不同形式处于不同程度的威权主义之中。公民盲目依赖权威,比如教会、法院系统、行政机构等。不过,进入现代之后,特别是在第二次世界大战之后,学者注意到,仅有少数公民信服行政权威。同样的趋向也适用于法院,即使法院继续享有比其他社会机构更多的信任。对决策进行理性证明的要求扎根于公民意识之中。权威本身不再充分,每一个机构,包括法院,必须不懈地用理性赢得公民的信任,这只有通过给出决策的证明才办得到。决策的理由必须给出,因为公民信任理由,而不单单是决策,因此,毫不奇怪,世界上所有的法律理论今天都对法律解释感兴趣。

逻辑思维对公民职责和权利的有效履行是必要的。按照社会学理论,学会理性地思维是受压迫的社会群体学会如何从社会控制中解放出来的前提;社会个体从以盲目的爱国心和民族优越感为特征的无知、狭隘的私利和“小肚鸡肠”中解放出来,前提是学会诉诸理性。见多识广和富于理性思维的公民对于以市场经济体系为基础的社会是必要条件。正如哲学家马卡尔德所说,今天,除了在所有人面前辩护的必要性是无须辩护的外,一切都需要辩护。

理性、民主社会意见分歧的解决既不能凭强力压迫,又不能依靠权威或诱惑,而只能通过理性对话。这种理性思维包括建设性地回应讨论语境中他人给出的理由和论证。涉及我们生活的种种计划或政策,也只有在经历理性思维的洗礼之后,才能尽显其公正、善意和有效。这就是所谓的“合法性”或正当性问题。当有人问“谁对三峡工程上马贡献最大”时,回答是:“那些反对三峡工程上马的人。”这一似乎悖论性的回答道出了逻辑思维的现实意义:正是对一项重大决策的理性论证和批判推动了这项决策的不断完善。重大决策在理性论证和反论证的多个回合的厮杀中,逐步获得正当性,成为真正民主和合理的决策。

1.3 逻辑与批判性思维

1.3.1 批判性思维的概念

批判性思维中“批判的”(critical)源于希腊文 kriticos(提问、理解某物的意义和有能力分析,即“辨明或判断的能力”)和 kriterion(标准)。从语源上说,该词暗含发展“基于标准的有辨识能力的判断”。将 critical 应用于思维,意味着利用恰当的评估标准确定某物的真实价值,以明确形成有充分根据的判断。

中文“批判性思维”是英语 Critical Thinking 的直译。Critical Thinking 在英语中指的是那种能抓住要领,善于质疑辨析,基于严格推断,富于机智灵气,清晰敏捷的日常思维。批判性思维是一种基于充分的理性和客观事实而进行理论评估与客观评价的能力与意愿,它不为感性和无事实根据的传闻所左右。具有批判性思维的人能在讨论中发现漏洞,能抵制毫无根据的想法。他们认为,批评一种观点并不等于批评持有此种观点的人。他们非常热衷于进行平等的讨论,以探明一种观点的合理性。在中文语境中,特别要强调的是,批判性思维并非仅仅是一种否定性思维,它还具有创造性和建设性的能力——能够对一件事情给出更多可选择的解释,思考研究结果的意义,并能运用所获得的新知识来解决社会和个人问题。在现代社会,批判性思维被普遍确立为教育特别是高等教育的目标之一。养成批判性思维能力和精神气质,对于应付复杂多变的世界,提升现代社会生活的人文精神,都是必要的。

1.3.2 批判性思维与高等教育

20 世纪 80 年代以来,美国、英国、加拿大、澳大利亚、新西兰、菲律宾,甚至发展中国家委内瑞拉,都把“批判性思维”作为高等教育的目标之一。世界高等教育会议(巴黎,1998 年 10 月 5—10 月 9 日)发表的《面向二十一世纪高等教育宣言:观念与行动》第一条的标题是“教育与培训的使命:培养批评性和独立的态度”。第五条“教育方式的革新:批判性思维和创造性”中指出,高等教育机构必须教育学生,使其成为具有丰富知识和强烈上进心的公民。他们能够批判地思考和分析问题,寻找社会问题的解决方案并承担社会责任;为实现这些目标,课程需要改革以超越对学科知识的简单的认知性掌握,课程必须包含获得在多元文化条件下批判性和创造性分析的技能,独立思考,集体工作的技能。批判性思维是目前国外大学课堂上一门比较成熟的课程,在国外的逻辑教育教学体系中占据重要地位。

批判性思维教育的直接目标是培育好的批判性思维者,即能够整合批判性思维的各种技能并加以有效运用,增强在其他学科学习和日常生活中运用这些有力工具的自信心、自觉性和具备良好判断力的人。好的批判性思维者既包括技能的维度,也包括气质的维度。可见,正确处理逻辑学与批判性思维的关系,不论是对于逻辑学还是对于批判性思维,都有积极的意义。

1.3.3 批判性思维的特点

有人认为,批判性思维预先假定,在任何问题上都存在某种绝对正确的观点或绝对可靠的参考标准,同时必定也存在着某种绝对错误的观点和绝对不可靠的标准。这是对批判性思维的误解。实际上,批判性思维并不包含这样的预先假定,就其本性而言,它是与这样的假定相冲突的,这是它要坚决予以拒斥的东西。正如罗素所言,一切把逻辑分析当作哲学的主要任务的哲学家都"坦率地承认,人的理智无法给许多对人类极为重要的问题找到最后的答案"。这些哲学家"不肯相信有某种'高级的'认识方法,使我们能够发现科学和理智所见不到的真理。他们因为否认这一点而得到的报偿是,已发现有许多从前被形而上学迷雾所蒙蔽的问题可以精确地解答,而且是靠除求知欲而外毫不牵涉哲学家个人气质的客观方法来解答"。罗素所说的"客观方法",指的是奠基于现代逻辑的分析方法,由于批判性思维也必须以遵守形式逻辑推理规则为前提,它所提供的是一种日常的逻辑分析方法,所以,它和形式逻辑一样,也具有重要的方法论价值;实际上,形式逻辑教学与批判性思维教学均有助于批判性思维技能和精神气质的培养。当然,既然参与了批判性推理,也就要预先假定一种观点可以比另一种观点更加合理,同时也假定了怀疑一种特定的立场有时比相信它更加合理。从这个角度看,批判性思维所体现的,更是一种学习和研究的态度、一种思维习惯。

今天,对批判性思维的特点基本能够达成共识。

(1) 抓准"陈述"的意思。

(2) 判断推理是否含糊。

(3) 判断多项"陈述"之间是否互相矛盾。

(4) 判断结论是否必要。

(5) 判断“陈述”是否正确。

(6) 判断“陈述”是否根据某一原理引申出来的。

(7) 判断“观察性陈述”是否可信。

(8) 判断“归纳性结论”是否有其来自。

(9) 判断“问题”是否已经确定下来。

(10) 判断所说的是否只是假设。

(11) 判断所下的定义是否合适。

(12) 判断引述某一权威言辞是否可接受。

通过批判性思维本身的特点分析,我们可以了解到,批判性思维主要是对相信什么和干什么做出判断,这种判断需要有分析和评价。批判性思维的分析和评价需要做到清楚、准确、相关、有深度,并具有严格的逻辑性。所以在分析和评价基础上还要有严格的推理,这种推理具有合理的框架,推理过程具有明确的目的性。推理过程中使用到的数据都必须得到相应的解释,概念必须明白,并将概念的内涵和外延都表述清楚。只有做到这些,才能够称得上是科学的批判性思维。

1.3.4 批判性思维关注的问题

“批判性思维”关注的问题实际上是逻辑知识与逻辑思维能力之间的关系,或者更一般地,是知识和能力之间的关系。

任何有成果的思维都离不开知识。但是,掌握的知识越多,是否意味着思维能力越强?掌握的逻辑知识越多,是否意味着逻辑思维能力越强?承载各种不同知识内容的具体思维中所体现出来的思维能力之间,是否具有一般的可比性?是否存在一种相对独立于各种专门知识,包括逻辑专门知识的逻辑思维能力?这种能力,如果存在的话,是否与生俱来存在差异?后天可否训练?这种能力的差异是否可测试?人的素质主要由知识还是能力决定?

批判性思维理论发展到今天,可以确认的观点是:人的日常逻辑思维能力,实际上是一种相对独立于各种专门知识,包括逻辑专门知识的逻辑思维能力,即批判性思维能力。这种能力,第一是存在的,第二是有差异的,第三是可训练的,第四是可测试的。人的思维素质差异,本质地不在于他们所掌握的知识信息量的差异,而在于他们批判性思维能力的差异。

1.3.5 区分推理与论证

2003年年末,中国逻辑学会形式逻辑委员会将学术年会的主题确定为"非形式逻辑与批判性思维",有的学者认为此举"引发了逻辑学教学改革的批判性思维转向"。目前,开设批判性思维课程的高校都是以逻辑学课程作为其直接基础的。这便本质地提出了一个批判性思维与逻辑学的关系的问题。实际上,自从20世纪70年代批判性思维运动兴起,批判性思维的专门机构和研究阵地大量涌现以来,关于批判性思维与逻辑学的关系就一直是一个学术研讨的热点话题。

要准确回答这个问题,首先需要准确认识逻辑学。逻辑学是以推理和论证为研究对象的科学。它的主要任务是提供分辨有效推理与无效推理的标准,并教会人们正确地进行推理和论证,识别、揭露和反驳错误的推理和论证。

要准确认识逻辑学,需要准确认识推理和论证。推理是从一个或一些已知的命题得出新命题的思维过程或思维形式,其中已知的命题是前提,得出的新命题是结论。论证是用某些理由去支持或反驳某个观点的过程或语言形式,通常由论点、论据和论证方式构成。论点即论证者所主张并且要在论证过程中加以证明的观点,也可直接称为主张。论据是论证者用来支持或反驳某个论点的理由,它们可以是某种公认的一般性原理,也可以是某个事实性断言,也可称为理由。论证要使用推理,甚至可以说就是推理:一个简单的论证就是一个推理,它的论据相当于推理的前提,论点相当于推理的结论,从论据导出论点的过程(即论证方式)相当于推理形式。一个复杂的论证则是由一连串不同的推理构成的,表现为一个推理系列。正是在这一意义上,通常都把论证和推理同等看待。

但是,将论证和推理同等看待,不意味着两者严格等同。实际上,它们之间存在实质性的差异,把握它们的分别有助于正确把握批判性思维与逻辑学的关系。

推理的核心概念是"有效性",更准确地说,是推理形式的有效性。推理形式是指在一个推理中抽掉各个命题的具体内容之后所保留下来的模式或框架,或者说,是多个推理中表达不同思维内容的各个命题之间所共同具有的联系方式,由逻辑常项(如命题联结词"或者""并且""如果,则""当且仅当"和"并非",直言命题中的系词"是"和"不是",量词"所有"和"有些"等)和逻辑变项(如命题变项p、q、r,词项变项S、P、M等)构成。其中,逻辑常项代表推理中的结构要素,常项的不同决定了推理形式的不同;变项是命题或推理中抽掉具体内容之后所留下的空位,代表内容要素,若用日常语言中具体的语词(名称和谓词)替代变项,就可以从抽象的推理形式得到一个个具体的推理;对同一个推理形式作不同的替代,可以得到不同的具体推理。也就是说,不同内容的推理完全可以使用相同的推理形式。

传统形式逻辑表明,一个推理是有效的,当且仅当,它的形式有效并且前提真实。推理形式的有效性又称保真性,指一个正确推理必须确保从真前提中得到真结论,而不能得到假结论。保真性是正确推理最起码的要求。一个推理形式是有效的,当且仅当,该推理的形式结构确保:只要我们按照这种形式进行推理,并且无论我们从具有什么样内容的前提出发,只要前提是真的,由此推出的结论必定也是真的,而不可能是假的。也就是说,有效的形式保证从真前提必定到真结论,排除从真前提得出假结论的可能性。

但需要注意的是,这并不排除从假的前提出发可以进行合乎逻辑的推理,其结论可能为真也可能为假。例如,"所有的人都不会死,苏格拉底是人,所以苏格拉底不会死"。而在这一点上,论证和推理有实质性的区别。论证的目的在于说服对方接受或者拒绝某个主张,因此,论证所使用的论据必须真实,或者至少为论辩双方所共同接受，以假命题作论据不能证明任何东西，故“巧克力是可以吃的，石头不是巧克力，所以，石头不是可以吃的”这个推理并不构成对“石头不是可以吃的”这个命题的一个证明，但下面的推理却构成对“中国不能再落后”的一个证明：“如果谁落后，谁就会挨打。中国不想再挨打，所以，中国不能再落后。”这就是说，推理并不要求前提真，假命题之间可以进行合乎逻辑的推理，而论证则要求前提为真，不然论证就没有意义了。

由此可见，有效性是在推理形式上的考虑，与推理的前提的真实性与可信性无关，与前提和结论在内容上的联系无关；所以在传统逻辑教科书中，为了强调逻辑的这种纯粹形式的特点，有意识隔断前提和结论在意义上的联系，有大量“如果 2 + 2 = 4，那么雪是白的”这样的例句。而论证则要求本质性地考虑论据和论点之间在内容上的联系，同时也以形式的有效为必要条件。推理和论证的实质性区别，就在于是否考虑前提（论据）的真实性和可信性的问题，在形式有效性问题上它们没有任何分歧。

当笼统地讲“一个推理是有效的，当且仅当它的形式有效而且前提真实”时，其中的“推理”实际上指的是“论证”。形式逻辑首先关心推理形式有效性的问题，至于推理前提本身的真实性与可信性的问题，属于各门具体科学的研究范畴，形式逻辑是管不了也是不需要管的。但是，批判性思维不但要回答推理形式有效性的问题，还要回答推理前提的真实性和可信性的问题。也就是说，批判性思维同时关心思维形式和思维内容，而这正是日常思维的根本特征所在。

形式逻辑从传统发展到现代，本质上是方法的现代化，对逻辑“必然地得出”的观念没有产生丝毫触动。现代逻辑的思想奠基人和实际创建者追求的所谓“通用语言”或“完善的”语言，即现代逻辑的形式语言，去掉了传统逻辑语言的“半自然”的特征，即对自然语言的使用，而是使用纯“人工”语言，利用数学方法将传统逻辑的推理转化为纯语形的逻辑演算。因为只使用了纯粹的人工语言，所以能够排除自然语言对推演者直觉上的干扰。传统逻辑学的推理形式有效性的概念依然还是一个语义概念，而现代逻辑学由于运用了形式系统方法，因而可以严格地区分一个理论系统的语形、语义和语用，并严格地研究它们之间的相互关系。现代逻辑达到的形式化和系统化的极致，是逻辑学得以在现代哲学、数学、计算机科学与人工智能、语言学、心理学、物理学、信息科学、生命科学以及经济学、社会学、政治学、法学等众多领域得到广泛应用并卓有成效的重要原因。

由逻辑学的现代发展可以看出，现代逻辑是传统逻辑在推理形式上的现代化，与前提的真实性和可信性问题没有任何关系。但是，逻辑学也因此而远离了日常生活。日常使用的自然语言虽不像人工语言那样严格和精确，而是经常会造成思想交流上的障碍，但它却是现实生活中思想交流的最主要媒介和工具，实际认知主体使用自然语言所做的，主要就是进行实际的论证。

1.3.6 识别、评估和重构论证

批判性思维最核心的部分就是识别、评估和重构论证，主要关注的是论据的真实性与可信性问题，也就是论据和论点在内容上的关联。

有论者认为，评估论证可以从三个角度入手：(1)逻辑的角度，即论证的前提和结论之间是否存在适当的联系；(2)实质的角度，即前提和结论是否都真；(3)修辞的角度，即论证能否说服和吸引听众。

另有论者认为，正确提出问题对于评估论证十分重要；在评估某段论证之前，应考虑以下问题：(1)论题和论点是什么？(2)理由是什么？(3)哪些词句的意义模糊不清？(4)价值冲突和隐含假设是什么？(5)描述性隐含假设是什么？(6)推理当中有没有谬误？(7)证据有多好？(8)是否存在竞争性的理由？(9)论证所用统计推理是否错误？(10)省略了什么样的有意义的信息？(11)什么样的合理的结论是可能的？

这里的问题(1)、(2)、(4)、(5)属于论证的辨识问题，其他问题则都与论证的评估有关。不难看出，与论证的评估相关的问题，可以

与上述三个评估论证的角度形成对应。

其中,逻辑的角度指的是推理形式及其有效性的角度,所谓前提与结论之间的“适当的联系”首先是指演绎的联系,也包括归纳的联系以及其他类型的联系。对于由前提到结论的推理,我们当然要关心其是否有效,这就要求论证的评估者郑重考虑逻辑形式上的问题。

而“实质的”角度则涉及论证的具体内容。论证都是由有具体内容的命题组成的,所以不能仅考虑形式上的问题。如果不问前提的真与假,只问推理形式是否有效,那就把论证混同于推理了,就不是对在我们的实际思维中的论证的评估了。可以说,论证的评估首先要从实质的角度着手。

此外,尽管论证是一种理性的、客观的说服活动,但也要适当考虑读者或听众的理解程度和接受程度,否则就有“对牛弹琴”之嫌,收不到说服或传播的效果,达不到论证的目的。考虑到论证的理解和说服的方面,恰恰就是论证评估的“修辞的”角度。显然,在做如上这样的思考时,已经渗透了许多社会、历史、文化、传统、习惯、价值偏好等非逻辑因素,而不再局限于纯粹的逻辑形式有效性的范围。有学者将“批判性思维”称为“非形式逻辑”,正是因为批判性思维不像传统的形式逻辑那样,主要关心逻辑推理形式的有效性问题,而是以此为基础,同时也更关心推理的内容要素。

需要特别强调的是,这绝没有削弱形式逻辑的价值,批判性思维倡导者们的“去符号”的追求,绝不等于不遵守形式法则,作为一种思考的技能和策略,批判性思维必须以一般的形式逻辑法则为基础和前提。形式逻辑对有效推理形式与无效推理形式的严格区分,是准确进行批判性思维的必要条件:一个使用无效推理形式的论证必定缺乏说服力,而一个有说服力的论证必定使用了有效的推理形式。如果说符号逻辑“去”的是传统逻辑的内容要素,批判性思维则要去符号逻辑的形式要素;如果说现代逻辑是传统逻辑推理形式上的现代化,那么,批判性思维就可以看作是对传统逻辑推理在内容上的系统化。实际上,我国有的逻辑学者编写的以“概念—判断—推理”为主线的教科书中就涵盖了批判性思维的内容,也就是概念的内涵和外延、定义、划分、论证和反驳等内容。有的教科书逐渐与国际接轨,开始把属于批判性思维的内容作为独立的部分单独讲述,有的则将这部分独立编写成书。这些对于形式逻辑和批判性思维的发展都具有十分积极的意义。

第2章　复合命题及推理

2.1　简单命题和复合命题

命题是对事物情况有所断定的语句。命题有真假,命题形式有真假值,统称真值或逻辑值。复合命题的逻辑值由其支命题的逻辑值决定。

简单命题的逻辑变项是概念,本身不包含其他命题。复合命题的逻辑变项是命题,本身包含与自身不同的其他命题,称为支命题。

简单命题推理即以简单命题作前提,以概念作变项的推理,简称词项推理。复合命题推理即以复合命题作前提,以命题作变项的推理,简称命题推理。

2.2　联言命题及推理

2.2.1　联言命题的概念

联言命题是陈述若干情况同时存在的命题。例如:

①鲁迅是文学家并且是思想家。

②李白是诗仙,杜甫是诗圣。

③刘备字玄德,关羽字云长,张飞字翼德。

联言命题有两个或两个以上的支命题,称作联言支。联言支可用p,q,r,s等符号表示。

联言命题逻辑常项:∧、“并且”、“既是……又是”。

联言命题逻辑式:$p \wedge q$、“红了樱桃,绿了芭蕉”。

联言命题逻辑值:$(p \wedge q)$真,当且仅当p取值为真并且q取值为真。

2.2.2. 联言命题的有效推理式

联言推理是依据联言命题的逻辑值所进行的推理。根据联言命题的逻辑值,联言推理有两种有效式:

1. 分解式

(1) $(p \wedge q) \rightarrow p$;例如:

常开窗户和勤洗手是预防“非典”的有效方法。

常开窗户是预防“非典”的有效方法。

(2) $(p \wedge q) \rightarrow q$;例如:

常开窗户和勤洗手是预防“非典”的有效方法。

勤洗手是预防“非典”的有效方法。

2. 组合式

$(p, q) \rightarrow (p \wedge q)$;例如:

曹操是文学家。曹操是军事家。

曹操是文学家和军事家。

2.3 选言命题及推理

2.3.1 选言命题的概念

选言命题是陈述若干可能情况至少有一种存在的命题。例如:

①是你说错了,或者是我听错了。

②不是鱼死,就是网破。

③张林或者是河南人,或者是山东人,或者是河北人。

选言命题有两个或两个以上的支命题,称作选言支。按照所反映的支命题之间的关系,选言命题可分为相容选言命题和不相容选言命题。

2.3.2　相容选言命题及推理

相容选言命题逻辑常项:∨、“或者”、“也许……也许……”

相容选言命题逻辑式:$p \vee q$、“张艺谋或是导演,或是演员”。

相容选言命题逻辑值:$(p \vee q)$真,当且仅当p取值为真或者q取值为真(至少一真,可以同真)。

有效推理式:相容选言推理就是前提中有一个选言命题,并且根据相容选言命题的逻辑值所进行的推理。

否定肯定式:

(1) $((p \vee q) \wedge \neg q) \rightarrow p$;例如:

他或者是演员或者是导演。他不是导演。

他是演员。

(2) $((p \vee q) \wedge \neg p) \rightarrow q$;例如:

他或者是演员或者是导演。他不是演员。

他是导演。

2.3.3　不相容选言命题及推理

不相容选言命题逻辑常项:$(\dot{\vee})$、“要么……要么……”。

不相容选言命题逻辑式:$(p \dot{\vee} q)$、“不是武松打死老虎,就是老虎吃掉武松”。

不相容选言命题逻辑值:$(p \dot{\vee} q)$真,当且仅当要么p取值为真要么q取值为真(至少一真,不能同真)。

有效推理式:不相容选言推理就是前提中有一个不相容选言命题,并且根据不相容选言命题的逻辑值所进行的推理。

1. 否定肯定式

(1) $((p \dot{\vee} q) \wedge \neg q) \rightarrow p$;例如:

要么老虎吃掉武松,要么武松打死老虎。

武松没有打死老虎。老虎吃掉武松。

(2) $((p \dot{\vee} q) \wedge \neg p) \rightarrow q$;例如:

要么老虎吃掉武松,要么武松打死老虎。

老虎没有吃掉武松。武松打死老虎。

2. 肯定否定式

(1) $((p \dot{\vee} q) \wedge q) \rightarrow \neg p$;例如:

要么为玉碎,要么为瓦全。宁为瓦全,

所以,不为玉碎。

(2) $((p \dot{\vee} q) \wedge p) \rightarrow \neg q$;例如:

要么为玉碎,要么为瓦全。宁为玉碎,

所以,不为瓦全。

2.4 假言命题及推理

假言命题是陈述某一情况是另一情况存在条件的命题。例如:

① 如果谁骄傲了,那么他就要落后。

② 只有深入生活,才写出好作品。

假言命题有两个支命题,称作假言支。表示条件的假言支叫前件。依条件而存在的假言支叫后件。

2.4.1 充分条件假言命题及推理

充分条件:存在两个事物情况 p 和 q,如果有 p,就一定有 q,而没有 p 不一定没有 q,即可以有 q 也可以没有 q,那么 p 就是 q 的充分条件。如“天下雨”和“地湿”这两个事物情况之间就具有充分条件关系。

可以把充分条件假言命题的前件和后件的这种逻辑关系概括为两句话:有之必然,无之未必然、未必不然。

充分条件假言命题逻辑常项:→、“如果……那么……”。

充分条件假言命题逻辑式:p→q、“锲而不舍,金石可镂”。

充分条件假言命题逻辑值:只有 p 取值为真而 q 取值为假时,(p→q)为假,其余情况(p→q)均为真。

有效推理式:

(1) 肯定前件式:((p→q) ∧p)→q;例如:

如果政府官员拥有不受监控的权力,官员就很容易导致腐败;政府官员确实拥有不受监控的权力,

所以,政府官员很容易腐败。

(2) 否定后件式:((p→q) ∧¬q)→¬p;例如:

如果小李患肺炎的话,那么他的体温会不正常升高;但经检验小李现在体温正常,

所以,小李目前没有患肺炎。

2.4.2　必要条件假言命题及推理

必要条件:存在两个事物情况 p 和 q,如果没有 p,就一定没有 q,而有 p 却不一定有 q,即可以有 q 也可以没有 q,那么 p 就是 q 的必要条件。如“年满 18 岁”与“有选举权”这两个事物情况之间就具有必要条件关系。

可以把必要条件假言命题这种前件和后件之间的逻辑关系概括为两句话:无之必不然,有之未必然、未必不然。

必要条件假言命题逻辑常项:←、“只有……才……”。

必要条件假言命题逻辑式:p←q、“修满学分准予毕业”。

必要条件假言命题逻辑值:只有 p 取值为假而 q 取值为真时,(p←q)为假,其余情况(p←q)均为真。

有效推理式:

(1) 否定前件式:((p←q) ∧¬p)→¬q;例如:

只有陈梦年满 18 岁,他才有选举权和被选举权;陈梦未年满 18 岁,

所以,他没有选举权和被选举权。

(2) 肯定后件式:((p←q)∧q)→p;例如:

只有某人案发时在作案现场,他才能是凶手;现查明,某人确是凶手,

所以,某人案发时一定在作案现场。

2.4.3 充分必要条件假言命题及推理

充分必要条件:存在两个事物情况 p 和 q,如果有 p,就一定有 q,如果没有 p 就一定没有 q,那么 p 就是 q 的充要条件。如“一个数能被 2 整除”与“这个数是偶数”这两个事物情况之间就具有充分必要条件关系。

可以把充分必要条件假言命题这种前件和后件之间的逻辑关系概括为两句话:有之必然,无之必不然。

充分必要条件假言命题逻辑常项:↔、“当且仅当……才……”。

充分必要条件假言命题逻辑式:p↔q、“当且仅当有人犯我,我才犯人”。

充分必要条件假言命题逻辑值:只有 p 和 q 同时取值为真和取值为假时,(p↔q)为真,其余情况(p↔q)均为假。

有效推理式:

(1) 肯定前件式:((p↔q)∧p)→q;例如:

一个三角形是等边三角形,当且仅当它是等角三角形。

三角形 ABC 是等边三角形,

所以,三角形 ABC 是等角三角形。

(2) 否定后件式:((p↔q)∧¬q)→¬p;例如:

一个三角形是等边三角形,当且仅当它是等角三角形。

三角形 ABC 不是等角三角形,

所以,三角形 ABC 不是等边三角形。

(3) 否定前件式:$((p\leftrightarrow q)\land\neg p)\rightarrow\neg q$;例如:

一个三角形是等边三角形,当且仅当它是等角三角形。

三角形ABC不是等边三角形,

所以,三角形ABC不是等角三角形。

(4) 肯定后件式:$((p\leftrightarrow q)\land q)\rightarrow p$;例如:

一个三角形是等边三角形,当且仅当它是等角三角形。

三角形ABC是等角三角形,

所以,三角形ABC是等边三角形。

2.5 负命题及种类

2.5.1 负命题的概念

负命题是否定某个命题的命题。例如:

①并非百兽怕狐狸。

②狼不吃羊是假的。

例①是对"百兽怕狐狸"的否定,例②是对"狼不吃羊"的否定。

负命题是一种比较特殊的复合命题。它只有一个支命题,称作原命题。

负命题逻辑常项:¬、"并非"。

负命题逻辑式:$\neg p$、"并非价廉物美"。

负命题逻辑值:p真$(\neg p)$假,$(\neg p)$真p假。

2.5.2 各种复合命题的负命题

根据各复合命题的逻辑性质加上负命题的逻辑性质,各种复合命题可形成一个相应的等值命题。

(1) 联言命题的负命题及等值命题:$\neg(p\land q)\equiv\neg p\lor\neg q$,如:"并非张老师既会俄语又会英语"等值于"张老师不会俄语或不会英语”。

(2) 相容选言命题的负命题及等值命题：$\neg(p \vee q) \equiv \neg p \wedge \neg q$，如：“并非老李会打篮球，或老李会打排球”等值于“老李既不会打篮球，又不会打排球”。

(3) 不相容选言命题的负命题及等值命题：$\neg(p \dot{\vee} q) \equiv (p \wedge q) \vee (\neg p \wedge \neg q)$，如：“并非这张餐券要么能买鱼，要么能买鸡”等值于“这张餐券既能买鱼又能买鸡或者既不能买鱼又不能买鸡”。

(4) 充分条件假言命题的负命题及等值命题：$\neg(p \rightarrow q) \equiv p \wedge \neg q$，如：“并非只要聪明就有好成绩”等值于“聪明却没有好成绩”。

(5) 必要条件假言命题的负命题及等值命题：$\neg(p \leftarrow q) \equiv \neg p \wedge q$，如：“并非只有风调雨顺，才能有好收成”等值于“不风调雨顺也能有好收成”。

(6) 充分必要条件假言命题的负命题及等值命题：$\neg(p \leftrightarrow q) \equiv (p \wedge \neg q) \vee (\neg p \wedge q)$，如：“并非是南方人当且仅当喜欢吃甜食”等值于“是南方人却不喜欢吃甜食或者不是南方人却喜欢吃甜食”。

2.6 多重复合推理

2.6.1 负复合命题推理

负复合命题推理是依据负复合命题与其等值命题之间逻辑关系所进行的推理。

在负复合命题推理中，前提为负命题，结论是该负命题的等值命题。

例如：“并非王英既懂英语又懂俄语；所以，王英或者不懂英语，或者不懂俄语。”

负复合命题推理类型：

(1) 并非(p 且 q)，所以，或者非 p，或者非 q。

(2) 并非(p或者q),所以,非p并且非q。

(3) 并非(要么p,要么q),所以,(p并且q)或者(非p并且非q)。

(4) 并非(如果p,那么q),所以,p并且非q。

(5) 并非(只有p,才q),所以,非p并且q。

(6) 并非(当且仅当p,才q),所以,(p并且非q)或者(非p并且q)。

2.6.2　二难推理

二难推理是以两个假言命题和一个二支选言命题作前提所构成的推理。推理依据是选言、假言命题逻辑性质。

推理类型:

1. 简单构成式

这种形式是在前提中肯定假言命题的前件,结论肯定后件。之所以叫作“简单的”,是因为它的结论是一个性质命题。这里所谓“简单的”,是和“复杂的”相对而言的,“复杂的”结论是复合命题中的选言命题。之所以叫作“构成式”,是由于它由肯定前件而到肯定后件。它的形式如下:

如果p,则r;如果q,则r
或者p,或者q
总之r

在这个形式中,两个假言前提有不同的前件,但有相同的后件,因而不论肯定哪个前件,都可以得出相同的结论。例如:

如果刺激老虎,那么它是要吃人的;如果不刺激老虎,那它也是要吃人的;

或者刺激老虎,或者不刺激老虎,

所以,老虎总是要吃人的。

2. 简单破坏式

这种形式是在前提中否定假言命题的后件,结论否定前件。它的形式如下：

如果 p,则 q;如果 p,则 r
或者非 q,或者非 r
总之,非 p

在这个形式中,两个假言前提的后件不同,但有相同的前件,因而不论否定哪个后件,结果总是否定了这个前件。例如：

如果是一个彻底的唯物主义者,就一定会实事求是看待事物;如果是一个彻底的唯物主义者,就决不会仅凭主观臆断来处理事情;

他或者不实事求是地对待事物,或者仅凭主观臆断来处理事情,

所以他不是个彻底的唯物主义者。

3. 复杂构成式

这个形式可以表示如下：

如果 p,则 q;如果 r,则 s
p 或 r
所以,q 或 s

该形式中,各个假言前提有不同的前件和不同的后件,因此肯定这个或那个前件,结论便否定这个或那个后件。例如：

如果他的意见是正确的,则你应当表示接受;如果他的意见是错误的,则你应当表示反对;

他的意见或是正确的,或是错误的,

所以,你或是当表示接受,或是当表示反对。

4. 复杂破坏式

这个形式可以表示如下：

如果 p,则 q;如果 r,则 s
非 q 或非 s
所以,非 p 或非 r

该形式中,各个假言前提有不同的前件和不同的后件,因此否定这个或那个后件,结论便否定这个或那个前件。例如：

如果要可靠,就要品德好;如果要能干,就要水平高;

他或者品德不好,或者水平不高。

所以,他或者不可靠,或者不能干。

[思考]　“欲寄君衣君不还,不寄君衣君又寒。寄与不寄间,妾身千万难。”根据此词构造一两难推理,并指出其是什么式。

2.6.3　反三段论推理

反三段论也是一种复合命题推理。这种推理的前提和结论均是假言型多重复合命题,依据联言、假言命题逻辑性质进行推理。它的形式为:

如果p且q,那么r
所以,如果p且非r,那么非q

或者:

如果p且q,那么r
所以,如果q且非r,那么非p

例如:

如果我们努力工作并且重视人才,那么就能提高科技水平;

所以,如果我们努力工作但没能提高科技水平,一定是我们不重视人才。

反三段论推理在实际思维中是经常运用的,如果几个条件联合起来构成某一情况的充分条件,那么当该情况不出现时,可推出几个条件中至少有一个条件不具备。例如:

如果说,所有的法律系毕业生都是从事司法工作的,小王是法律系毕业,那么小王就一定是从事司法工作的;而现在调查表明,小王并没有从事司法工作,那么,或者并不是所有的法律系毕业生都从事司法工作,或者小王不是法律系毕业。

它的形式为:

如果 p 并且 q,那么 r
非 r
所以,非 p 或者非 q

批判性思维案例分析

[例1] 如果王晶是学生会成员,她一定是二年级学生。

上述判断是基于以下哪个前提作出的?

A. 只有王晶才能被选入学生会。

B. 只有二年级学生才有资格被选入学生会。

C. 入选学生会成员中必须有二年级学生。

D. 二年级学生也可能不被选入学生会。

E. 王晶没有拒绝加入学生会。

【解析】 题干中讲"王晶是学生会成员"是"她是二年级学生"的充分条件,选项 B 说"是二年级学生"是"被选入学生会"的必要条件。以 B 作前提,可以必然地推出题干来。其他选项都不能作为题干的必然性前提。所以,正确答案是 B。

[例2] 只有认识错误,才能改正错误。

以下诸项都准确表达了上述断定的含义,除了:

A. 除非认识错误,否则不能改正错误。

B. 如果不认识错误,那么不能改正错误。

C. 如果改正错误,说明已经认识了错误。

D. 认识错误,是改正错误的必不可少的条件。

E. 只要认识错误,就一定改正错误。

【解析】 题干讲的是,"认识错误"是"改正错误"的必要条件,选项 A 的联结词是"除非……否则不……",选项 B 的联结词是"如果不……那么不……",与题干的意思完全一致。选项 C 说"改正错误"是"认识错误"的充分条件,选项 D 强调"认识错误"是"改正错误"的必要条件,也与题干的意思是一致的。选项 E 则认为,"认识错误”是“改正错误”的充分条件,显然不能表达题干的意思。所以,正确答案是E。这里需要注意,“只要……就……”与“只有……才……”不同,前者表达充分条件,后者表达必要条件。

[例3] 由于信息高速公路上信息垃圾问题越来越严重,科学家们不断发出警告:如果我们不从现在开始就重视预防和消除信息高速公路上信息垃圾,那么总有一天信息高速公路将无法正常通行。

以下哪项的意思最接近这些科学家们的警告?

A. 总有那么一天,信息高速公路不再能正常通行。

B. 只要从现在起就开始重视信息高速公路上信息垃圾的预防和消除,信息高速公路就可以一直正常通行下去。

C. 只有从现在起就开始重视信息高速公路上信息垃圾的预防和消除,信息高速公路才可能预防无法正常通行的后果。

D. 信息高速公路如果有一天不再能正常通行,那是因为我们没有从现在起重视信息高速公路上信息垃圾的预防和消除。

E. 信息高速公路上信息垃圾的严重性,已经引起了我们的高度重视。

【解析】 题干中科学家的警告的意思是:强调“从现在起就开始重视信息高速公路上信息垃圾的预防和消除”是“信息高速公路能够正常通行”的必要条件,联结词是“如果不……那么无法……”。选项C正好表达了题干的意思,联结词是“只有……才……”,“预防信息高速公路无法正常通行的后果”与“信息高速公路能够正常通行”意思相当。选项B讲的是充分条件,选项D也强调“从现在起就开始重视信息高速公路上信息垃圾的预防和消除”是“信息高速公路能够正常通行”的充分条件,与题干意思不符。选项A和E也都不是题干的意思。所以,正确答案是C。

[例4] 中星集团要招聘20名直接参加中层管理的职员。最不可能被录用的是学历在大专以下,或是完全没有管理工作经验的人;在有可能被录用的人中,懂英语或懂日语将大大增加被录用的可能性。

如果上述断定是真的,那么以下哪项所言及的报名者最有可能被录用?

A. 张先生现年 40 岁,中专学历,毕业后一直没有放松学习,曾到北京大学经济管理学院进修过半年,收获很大。最近,他刚辞去已任职五年的华亭宾馆前厅经理的职务。

B. 王女士是经济管理学院的副教授,硕士研究生学历,出版过管理学专著。出于经济收入的考虑,她表示如被录用,将立即辞去现职。

C. 陈小姐是经贸大学专科班的应届毕业生,在学校学习期间,曾任过某商场业务部见习经理。

D. 刘小姐是外国语学院 1995 年的本科毕业生,毕业后当过半年涉外导游和近两年专职翻译,精通英语和日语。

E. 老孙曾是闻名遐迩的南方集团公司的老总,曾被誉为是无学历、无背景、白手起家的传奇式的企业家。南方集团的倒闭使他不得不从头做起。

【解析】 题干中强调最不可能被录用的,是“学历在大专以下,或是完全没有管理工作经验的人”,这是一个相容的选言命题,只要满足其中任何一个情况的人都不可能被录用。“懂英语或懂日语”者,只有在“有可能被录用的人中”才能被考虑,所以,某人如果不属于“有可能被录用的人”,即使他的英语或日语很好,也不能被考虑。选项 A 中的张先生、选项 E 中的老孙,由于学历不合格,显然不能被录用。选项 B 中的王女士没有管理经验,选项 D 中的刘小姐也没有管理经验,所以都不能被录用。刘小姐虽然“当过半年涉外导游和近两年专职翻译”,但这都不是管理工作经验。正确答案是 C。尽管该项中的陈小姐只是大专毕业,也只是“在学校学习期间,曾任过某商场业务部见习经理”,但是这些条件都符合题干中的要求,使陈小姐不属于“最不可能被录用”的范围。

[**例 5**] 王大妈上街买东西,看到外边围了一群人。凑过去一看,原来是中国高血压日的宣传。王大妈转身就要走,一位年轻的大夫叫住了她:“大妈,让我帮你测血压好吗?”王大妈连忙挥手说:“我又不胖,算了吧。”

根据以上信息,以下哪项最可能是王大妈的回答所隐含的前提?

A. 只有患高血压病的人才需要测血压,我不用。

B. 只有胖人才可能得高血压病,经常测血压。

C. 虽然测血压是免费的,可给我开药方就要收钱了。

D. 你们这么忙,还是给身体比较胖的人测吧。

E. 让我当众测血压,多难为情,不好意思。

【解析】　正确答案是B。因为该选项断定了“胖人”是“可能得高血压病”的必要条件。从这样一个必要条件的假言命题的大前提出发,我们就可以通过否定其前件即断定“我不胖”,从而否定其后件即得出“我不会得高血压,不用测血压”的结论。其他选项均不宜作为王大妈的回答所隐含的前提。解答此类型的题,关键是要寻找到一个能够把题干推论中的小前提和结论联系起来的大前提,这里就是要找到“胖不胖”与“需不需要测血压”二者联系起来的命题。选项A、C、D、E都没有将这二者联系起来,故均不宜作为推论的大前提。

[**例6**]　柏拉图学院的门口竖着一块牌子,上书“不懂几何者不得入内”。这天,来了一群人,他们都是懂几何的人。

如果牌子上的话得到准确的理解和严格的执行,那么以下诸断定中,只有一项是真的。这一真的断定是:

A. 他们可能不会被允许进入。

B. 他们一定不会被允许进入。

C. 他们一定会被允许进入。

D. 他们不可能被允许进入。

E. 他们不可能不被允许进入。

【解析】　题干说“懂几何”是“进入”的必要条件,联结词是“不……不……”。必要条件假言推理肯定前件不能因此肯定后件,当然也不能因此否定后件。因为当必要条件假言命题的前件真时后件可真可假。因此,只能推出具有可能性的结论,即来的这群懂几何的人可能会被允许进入,但也可能不会被允许进入。选项B、C、D、E

都太肯定,所以,正确答案只能是 A。

[例 7] 世界级的马拉松选手每天跑步都不超过 6 小时。一名选手每天跑步超过 6 小时,因此他不是一名世界级马拉松选手。

以下哪项与上文推理形式相同?

A. 跳远运动员每天早晨跑步。如果某人早晨跑步,那么他是跳远运动员。

B. 如果每日只睡 4 小时,对身体不利。研究表明,最有价值的睡眠都发生在入睡后的第 5 个小时。

C. 家长和小孩做游戏时,小孩更高兴。因此,家长应该多做游戏。

D. 如果某汽车早晨能起动,那么晚上也能起动。我们的车早晨通常能起动,同样,它晚上通常也能起动。

E. 油漆三小时内都不会干。某涂料在三小时内干了,所以它不是油漆。

【解析】 题干中的第一句话可以将它作为一个充分条件的假言命题来看待,即"如果一个人是世界级的马拉松选手,则他每天跑步不超过 6 小时"。同样,选项 E 的第一句话也可以看成是一个充分条件的假言命题,即"如果一种涂料是油漆,那么它在三小时内不会干"。这样,题干和选项 E 的推理形式都属于充分条件假言推理的否定后件式,即

如果 p,那么非 q

q

———————

非 p

选项 A 是充分条件的假言推理的肯定后件式,是一个不正确的推理。选项 B、C 都属于归纳推理。选项 D 则是充分条件的假言推理的肯定前件式。所以,正确答案是 E。

[例 8] 如果赵川参加宴会,那么钱华、孙旭和李元将一起参加宴会。

如果上述断定是真的,那么以下哪项也是真的?

A. 如果赵川没参加宴会,那么钱华、孙旭和李元三人中至少有一人没参加宴会。

B. 如果赵川没参加宴会,那么钱华、孙旭和李元都没参加宴会。

C. 如果钱华、孙旭和李元都参加了宴会,那么赵川参加了宴会。

D. 如果李元没参加宴会,那么钱华和孙旭不会都参加宴会。

E. 如果孙旭没参加宴会,那么赵川和李元不会都参加宴会。

【解析】 题干是一个充分条件的假言命题,进行充分条件的假言推理可以从肯定前件到肯定后件,也可以从否定后件到否定前件,其他情况均不成立。选项 A 和 B 都从否定前件开始,显然均不成立。选项 C 从肯定后件开始也是不成立的。选项 D 只是在后件内部进行推导,后件是一个联言命题,显然不能从一个联言支为假推出其他联言支是假的。正确答案是 E。因为由孙旭没参加宴会,可知:钱华、孙旭和李元不会都参加宴会,即题干中充分条件的假言命题的后件是假的,进而可以推出该充分条件的假言命题的前件是假的,即赵川没参加宴会。既然赵川没参加宴会,则赵川和李元肯定就不会都参加宴会,因为联言命题有一个支命题假,则整个联言命题假。需要注意的是,这里是"不会都",并不是"都不会"。

[**例 9**] 以"如果甲、乙都不是木工,那么丙是木工"为一前提,若再增加另一前提则可必然难出"乙是木工"的结论。下列命题中的哪一个最合适?

A. 丙是木工。

B. 丙不是木工。

C. 甲不是木工。

D. 甲和丙都不是木工。

E. 甲是木工。

【解析】 这道题目属于反三段论推理。我们不妨用 p 表示"甲不是木工",用 q 表示"乙不是木工",则非 q 就表示"乙是木工";用 r 表示"丙是木工",则非 r 就表示"丙不是木工",这样,"如果甲、乙都不是木工,那么丙是木工”的形式结构为$(p \wedge q) \rightarrow r$,而要推出“乙是木工”,即非q的结论,根据反三段论的形式要求,必须具备非r和p亦即“丙不是木工”和“甲不是木工”两个条件,而D项正好满足这两个条件,所以它是正确的答案。

批判性思维练习

1. 如果张红是教师,那么她一定学过心理学。

上述判断是从下面哪个判断中推论出来的?

A. 一个好教师应该学习心理学。

B. 只有学过心理学的才可以做教师。

C. 有的教师真的不懂心理学。

D. 掌握心理学知识有助于提高教学效果。

E. 张红曾经说过她非常喜欢心理学。

2. 老师:“不完成作业就不能出去做游戏。”

学生:“我完成作业了,我可以去外边做游戏了!”

老师:“不对。我只是说,你们如果不完成作业就不能出去做游戏。”

除了以下哪项,其余各项都能从上面的对话中推出?

A. 学生完成作业后,老师就一定会准许他们出去做游戏。

B. 老师的意思是没有完成作业的肯定不能出去做游戏。

C. 学生的意思是只要完成了作业,就可以出去做游戏。

D. 老师的意思是只有完成了作业才可能出去做游戏。

E. 老师的意思是即使完成了作业,也不一定被准许出去做游戏。

3. 要使中国足球队真正能跻身世界强队之列,至少必须解决两个关键问题:一是提高队员基本体能,二是讲究科学训练。不切实解决这两点,即使临战时拼搏精神发挥得再好,也不可能取得突破性的进展。

下列诸项都表达了上述议论的原意，除了：

A. 只有提高队员的基本体能和讲究科学训练，才能取得突破性进展。

B. 除非提高队员的基本体能和讲究科学训练，否则不能取得突破性进展。

C. 如果取得了突破性进展，说明一定提高了队员的基本体能并且讲究了科学训练。

D. 如果不能提高队员的基本体能，即使讲究了科学训练，也不可能取得突破性进展。

E. 只要提高了队员的基本体能和讲究了科学训练，再加上临战时拼搏精神发挥得好，就一定能取得突破性进展。

4. 如果张教授当选为学术委员会主任，他一定是学术委员会委员。

以上陈述是以下面哪句为假设前提的？

A. 只有学术委员会委员才可被选为学术委员会主任。

B. 只有张教授才可当选为学术委员会主任。

C. 只有教授才可被选为学术委员会主任。

D. 一些教授可选为学术委员会主任。

E. 一些学术委员可能不被选为学术委员会主任。

5. 某单位要从100名报名者中挑选出20名献血者进行体检。最不可能被挑选上的是2011年以来已经献过血，或是2013年以来在献血体检中不合格的人。

如果上述断定是真的，那么以下哪项所言及的报名者最有可能被选上？

A. 小张2013年献过血，他的血型是O型，医用价值最高。

B. 小王是区献血标兵，近年来每年献血，这次他坚决要求献血。

C. 小刘2014年报名献血，因“澳抗”阳性体检不合格，这次出具了“澳抗”转阴的证明，并坚决要求献血。

D. 大陈最近一次献血时间是在2010年，他因公伤截肢，血管中流动着义务献血者的血。他说，“我比任何人都有理由献血”。

E. 老孙 2011 年因体检不合格未能献血，2013 年体检合格献血。

6. 据《科学日报》消息，1998 年 5 月，瑞典科学家在研究中首次提出，一种对防治老年痴呆症有特殊功效的微量元素，只有在未经加工的加勒比椰果中才能提取。

如果《科学日报》的上述消息是真实的，那么，以下哪项不可能是真实的？

Ⅰ. 1977 年 4 月，芬兰科学家在相关领域的研究中提出过，对防治老年痴呆症有特殊功效的微量元素，除了未经加工的加勒比椰果，不可能在其他对象中提取。

Ⅱ. 荷兰科学家在相关领域的研究中证明，在未经加工的加勒比椰果中，并不能提取对防治老年痴呆症有特殊功效的微量元素，这种微量元素可以在某些深海微生物中提取。

Ⅲ. 著名的苏格兰医生查理博士在相关的研究领域中证明，该微量元素对防治老年痴呆症并没有特殊功效。

A. 只有Ⅰ　　B. 只有Ⅱ

C. 只有Ⅲ　　D. 只有Ⅱ和Ⅲ

E. Ⅰ、Ⅱ和Ⅲ

7. 某地有两个奇怪的村庄，张庄的人在星期一、三、五说谎，李村的人在星期二、四、六说谎。在其他日子他们说实话。一天，外地的王聪明来到这里，见到两个人，分别向他们提出关于日期的问题。两个人都说：“前天是我说谎的日子。”

如果被问的两个人分别来自张庄和李村，以下哪项最可能为真？

A. 这一天是星期五或星期日。

B. 这一天是星期二或星期四。

C. 这一天是星期一或星期三。

D. 这一天是星期四或星期五。

E. 这一天是星期三或星期六。

8. 在某餐馆中，所有的菜或属于川菜系或属于粤菜系，张先生的菜中有川菜，因此张先生的菜中没有粤菜。

以下哪项最能增强上述论证？

A. 餐馆规定，点粤菜就不能点川菜，反之亦然。

B. 餐馆规定，如果点了川菜，可以不点粤菜，但点了粤菜，一定也要点川菜。

C. 张先生是四川人，只喜欢川菜。

D. 张先生是广东人，他喜欢粤菜。

E. 张先生是四川人，最不喜欢粤菜。

9. 许多自称为教师的人实际上并不是教师，因为教书并不是他们的主要收入来源。

上述议论假设了以下哪项断定？

A. 教书所得收入不能维持教师的正常生活。

B. 许多被称为教师的人缺乏合格的专业知识与技能。

C. 收入的多少可以衡量一项职业受社会重视的程度高低。

D. 收入偏低使教师不能敬业乐业。

E. 一个人不能被称为作家，除非写作是其主要的收入来源。教师的情况也一样。

第3章　直言命题及推理

第2章讲的命题逻辑，研究的是以命题为基本单位、根据命题间的逻辑关系进行推演的推理。日常思维中还有许多有效推理，它们的有效性依靠命题逻辑是不能得到证明的，而必须对命题内部的结构作进一步的分析。例如：

凡国家干部都要奉公守法。

凡检察干部都是国家干部。

所以，凡检察干部都要奉公守法。

这是一个有效的三段论推理。如果从命题逻辑的角度分析，它的推理形式可表示为：

$$p \land q \to r$$

在命题逻辑中，它不是有效的推理形式。原因在于：这种推理的有效性不是依赖于命题p、q、r之间的关系，而是依赖于命题内部结构中各词项之间的关系。

要分析和判定这类推理的逻辑有效性，就需要我们进一步分析构成复合命题的最小单位——简单命题的内部结构，了解构成简单命题的词项的逻辑特征，研究词项之间的逻辑联系以及由词项所组成的简单命题的逻辑性质。这就是词项逻辑所要研究的内容。

3.1 词项和概念

3.1.1 概念的内涵和外延

概念是反映事物特有属性的思维单位，概念的内涵即反映在概念中对象的特有属性上，如：

人：制造和使用生产工具的动物。

商品：用来交换的劳动产品。

太阳系行星：围绕太阳旋转的天体。

概念的外延指所有具有概念所反映特有属性的对象，如：

人：古今中外所有人。

商品：各种各样的商品。

太阳系行星：八大行星。

3.1.2 概念是词项的思想内容，词项是概念的逻辑形式

词项是指简单命题的主项或谓项。例如：

中国是世界上人口最多的国家。

法院是审判机关。

以基因工程为代表的生物技术是当代知识经济的制高点。

张某和李某是同乡。

上面各例都是简单命题，其中画横线的部分都是词项，它们都充当简单命题的主项或谓项。表达概念的语词（词或词组），当其充当简单命题的主项或谓项时，就叫词项。反言之，不表达概念的语词不是词项，表达概念却未充当简单命题的主项或谓项的语词也不是词项。

与复合命题相对的简单命题，其特点是：①无支命题，自身中不

能分解出与自身不同的命题,或者只能从命题中分解出非命题的成分。②逻辑变项是词项,不是命题。

3.2 词项的种类

3.2.1 根据词项反映对象的数量分

根据词项所反映对象数量的不同,分为单独词项和普遍词项。

单独词项是所反映的事物类只有一个分子的词项,指称独一无二的对象。例如:“拿破仑”“世界最大淡水湖”“北京”“长城”“中华人民共和国司法部”“2014 年元月 1 日”“世界最高峰”等。

普遍词项所反映的事物类具有一个以上分子的词项。例如:“国家”“法国人”“内陆湖”“《共产党宣言》的作者”“司法干部”“罪犯”“自然数”“法律”等。

3.2.2 根据词项反映对象的类型分

根据词项所反映对象是“集合体”还是“类”,分为集合词项和非集合词项。

集合词项:反映集合体的词项。集合体是由同类个体组成的群体,个体不具有群体属性,如组成森林的一棵棵树不具有“森林”的属性。

非集合词项:不是反映集合体的词项,反映由同类个体组成的类,类与分子必定具有同一属性,如“山脉”和“大兴安岭山脉”“安第斯山脉”就是类与分子的关系。

类和分子,集合体和个体,是两种不同的关系。这种不同点在于:类的性质必然地属于组成类的每个分子,而集合体的性质不必然属于组成集合体的每个个体。例如,人具有的性质张三必然具有,但森林具有的性质树木不一定具有。

表达集合体的词项称为集合词项,如“词汇”“枪支”“书籍”。表达类的词项称为非集合词项,非集合词项也称为类词项,如“词”“枪”“书”。

在日常思维中,同一个词项,可以在集合的意义上使用,也可以在非集合的意义,即类的意义上使用。换句话说,同一语词,在不同的语境下,可以表达集合词项,也可以表达非集合词项。这就容易出现“偷换词项”的逻辑错误。例如:

人是世界上第一个可宝贵的,

我是人,

所以,我是世界上第一个可宝贵的。

在上述推理中,第一个前提中的“人”,是集合词项,第二个前提中的“人”是词类项。该推理犯了“偷换词项”的错误。

[思考]

以下画横线的词项,是在集合意义上还是在非集合意义上使用的?

A. 国有企业是可以破产的。

B. 国有企业一直控制着我国国民经济的命脉。

C. 遵纪守法,是公民应尽的基本义务。

D. 教师是人类灵魂的工程师。

答:A 项中的“国有企业”是类词项。因为“可以破产”这种性质属于每一个国企。

B 项中的“国有企业”是集合词项。因为所提及“控制着我国国民经济的命脉”只为国企的整体具有。

C 项中的“公民”是类词项。因为遵纪守法,是每个公民应尽的基本义务。

D 项中的“教师”是集合词项。因为“人类灵魂的工程师”是对教师的整体评价,并不一定是对每个教师的评价。

3.2.3　根据词项反映对象的属性分

根据词项所反映对象是具有某种属性还是不具有某种属性,分为正词项和负词项。

正词项反映事物具有某种属性的词项,如“正义战争”“考生”。

负词项是反映事物不具有某种属性的词项,如“非正义战争”“非考生”。

负词项总是相对于一定的范围来使用的。这个特定的范围叫作论域。要明确负词项的内涵和外延,必须了解它的论域。例如,“非金属”的论域是“物质”。

上述词项的分类是从不同的角度进行的。一词项可以按照不同的角度属于不同的类。例如,“树”是普遍词项、集合词项、正词项,“森林”是普遍词项、集合词项、正词项,“非金属”是普遍词项、非集合词项、负词项,“黄河”是单独词项、非集合词项、正词项。

3.3　词项外延间的关系

根据两个词项外延间有无重合或重合多少,可分为五种关系。

3.3.1　全同关系

全同关系是指两个词项的外延完全重合的失系。即如果 a 和 b 两个词项,a 词项的全部外延都是 b 词项的外延,b 词项的全部外延也都是 a 词项的外延,则这两个词项之间的关系是全同关系。

具有全同关系的两个词项是从不同方面反映同一类对象的。例如,“等角三角形”和“等边三角形”,“北京”和“中华人民共和国首都”,它们的外延完全重合。就“等角三角形”和“等边三角形”这两个词项来说,所有的等角三角形都是等边三角形,所有的等边三角形都是等角三角形,它们从“等角”和“等边”这两个不同的方面反映了同一类对象,外延是完全重合的。

3.3.2　真包含于关系

真包含于关系是指一词项的全部外延与另一词项的部分外延重合的关系。即如果a和b两个词项,a词项外延小,b词项外延大,而且a词项的全部外延在b词项的外延之内,则a词项对于b词项的关系就是真包含于关系。例如,“大学生”和“学生”,“等腰梯形”和“梯形”中前一个词项对后一个词项的关系,就是真包含于关系。以“大学生”和“学生”这两个词项来说,“大学生”的外延小,“学生”的外延大,而且“大学生”这个词项的全部外延都包含在“学生”这个词项的外延之中,所以,在这两个词项之间,前者对于后者的关系是真包含于关系。

3.3.3　真包含关系

真包含关系是指一个词项的部分外延与另一个词项的全部外延重合的关系。即如果a和b两词项,a词项的外延大,b词项的外延小,并且a词项的部分外延与b词项的全部外延重合,a词项的外延包含了b词项的全部外延,则a词项对于b词项的关系就是真包含关系。例如,“矛盾”和“社会矛盾”,“规律”和“经济规律”中,前一个词项对后一个词项的关系,就是真包含关系。以“矛盾”和“社会矛盾”这两个词项来说,“矛盾”这个词项的外延大,“社会矛盾”这个词项的外延小,而且“矛盾”这个词项的外延包含了“社会矛盾”这个词项的全部外延,所以,前者对于后者的关系是真包含关系。

3.3.4　交叉关系

交叉关系是指一个词项的部分外延与另一个词项的部分外延重合的关系。即如果a和b两词项,a词项只有一部分外延与b词项外延相重合,而b词项也只有一部分外延与a词项的外延相重合,则这两个词项之间的关系,就是交叉关系。例如,“共青团员”和“大学生”,“医生”和“科学家”中,词项之间的关系就是交叉关系,在它们之间各有而且仅有一部分外延是相互重合的。以“共青团员”和“大学生”这两个词项来说,有些大学生是共青团员,有些大学生不是共青团员;同样,有些共青团员是大学生,有些共青团员不是大学生:二者的外延仅有一部分是重合的,所以,“共青团员”和“大学生”这两个词项之间的关系是交叉关系。

3.3.5 全异关系

全异关系是指两个词项的外延没有任何一部分重合的关系。即如果 a 和 b 两个词项,a 词项的全部外延不与 b 词项的外延重合,b 词项的全部外延也不与 a 词项的外延重合,则 a、b 这两词项的关系是全异关系。例如,“金属”和“非金属”,“学校”和“青年”,词项之间的关系就是全异关系,在每个词项之间二者的外延都各不相同,毫无重合之处。

具有全异关系的两个词项,有的是属于同一论域的,如“金属”和“非金属”,有的不是属于同一论域的,如“学校”和“青年”。

就同一论域而言,词项的全异关系分两种:

1. 矛盾关系

指种词项外延之和等于属词项外延。如“核国家”和“无核国家”,“黑白电视”和“彩色电视”,两个词项之间的关系就是矛盾关系。它们的外延全部都包含于一个属词项之中,外延之和等于属词项的外延。以“核国家”“无核国家”来说,核国家不是无核国家,无核国家不是核国家,它们各指的是不同的对象,彼此界限分明,但又都包含于“国家”这一属词项之中,而且核国家、无核国家合起来就是一切国家,中间无第三种情况存在。

2. 反对关系

指种词项外延之和小于属词项外延。如“动物”和“植物”,“正数”和“负数”,词项之间的关系就是反对关系。两个词项外延各不相同,但它们都包含于一个属概念之中,而且它们的外延之和小于其属词项的外延。以“动物”和“植物”来说,动物不是植物,植物不是动物,它们各指的是不同的对象,彼此界限分明,但又都包含于“生物”这一属词项之中,而且二者外延相加小于一切生物的词项,因为还有“微生物”这种中间情况的存在。

词项外延间的上述五种关系,是任意两个词项之间可能具有的全部关系。因此,两个具体词项之间的关系必然是这五种关系中的一种,也只能是这五种关系中的一种。

3.3.6 词项间五种关系的分类:相容与不相容

全同关系、真包含于关系、真包含关系和交叉关系有一个共同点,即S与P两个词项至少有一部分外延是重合的,逻辑上把这四种关系又统称为相容关系。两个词项之间的全异关系是S和P两个词项外延没有任何部分重合的关系,逻辑上又称为不相容关系。如图所示。

1. 相容关系

(1) 全同

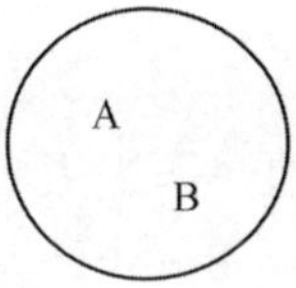

例如:A = 北京
B = 中国的首都

(2) 属种

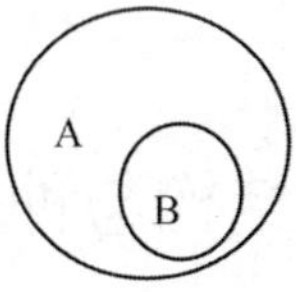

例如:A = 动物
B = 人

说明:具有属种关系的两个概念,外延较大的称为属概念,外延较小的称为种概念。真包含于关系和真包含关系又可称为属种关系和种属关系,这里用一张图表示。

(3) 交叉

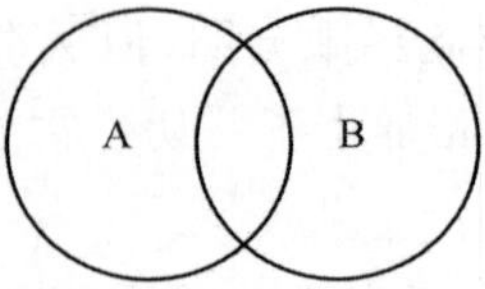

例如:A = 白种人
B = 美国人

2. 不相容关系

(1) 不相关不相容

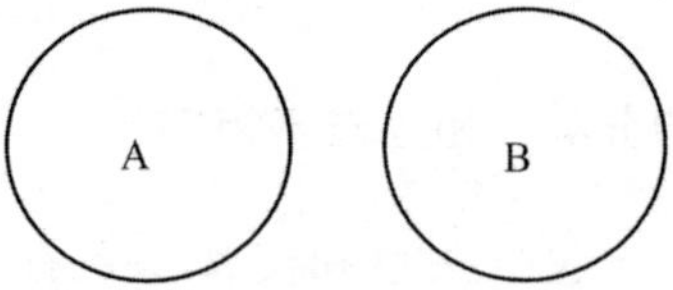

例如:A = 战争
B = 蛋糕

(2) 相关不相容

① 矛盾

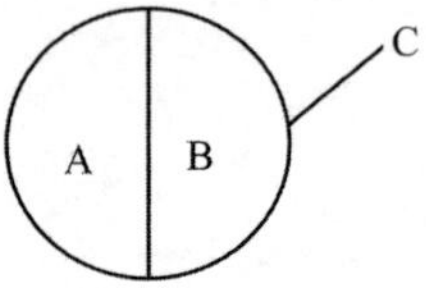

例如:A = 男人
B = 女人
C = 人

② 反对

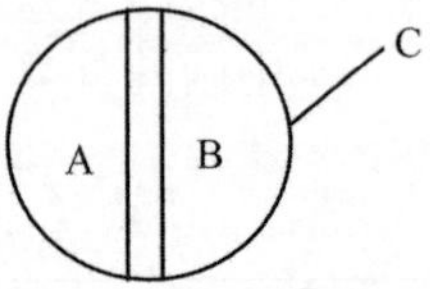

例如:A = 老人
B = 年轻人
C = 人

3.4 直言命题的结构与种类

直言命题指直接断定对象是否具有某种性质的命题,又叫性质命题。例如:

①所有商品是有价值的。

②所有人不是长生不死的。

③有些玫瑰是红色的。

④有些科学家不是大学毕业的。

⑤张三是高级工程师。

⑥某个人不是小偷。

3.4.1 直言命题的结构

直言命题由主项、谓项、联项、量项四部分组成。

主项:表示被反映对象的概念。如上例①中的“商品”、②中的“人”等。常用大写字母S表示。

谓项:表示某种性质的概念。如上例①中的“有价值的”、②中的“长生不死的”等。常用大写字母P表示。

联项:联结主谓项的概念,刻画命题的质,分为肯定联项和否定联项,肯定联项用“是”表示,否定联项用“不是”表示。

量项:标志主项数量的概念,刻画命题的量,分为全称量项、特称量项、单称量项。全称量项用“一切”“凡是”“全部”等表示。特称量项用“有”“有些”“有的”等表示。单称量项通常用“某个”“这个”“那个”等来表示。全称量项对主项所表示的全部事物范围作了断定,特称量项对主项所表示的部分事物范围作了断定,单称量项对主项所表示的某一个别事物作了断定。

尤其需要注意的是,特称量项的逻辑意义是“至少有一个”。如“有些羊是动物”的逻辑意义是“至少有一只羊是动物”。特称量项“有些”与日常用语中所说的“有些”,在含义上有所不同。日常用语中的“有些”,大多指“仅仅有些”,因而当讲“有些是什么”的时候,往往意味着“有些不是什么”。特称量项“有些”,则是指“至少有些”“至少有一个”,究竟有多少?不确定。至少有“一个”,也许有“几个”,也许“所有”。日常语言中所说的“大多数”“绝大多数”“少数”等都属于“有些”的情形。特称量项“有些”只表示一类事物中有对象被断定具有或不具有某种性质,而对这类对象的具体数量,则没有做出断定。如“有些大学生是人”,这只是说“至少有些大学生是人”,它并不意味着“有些大学生不是人”。在这里,逻辑上的“有些”与日常思维中的“有些”存在着差异。

3.4.2 直言命题的种类

主项和谓项分别用 S 和 P 来表示以后,S 和 P 又称为词项变项,可以用不同的具体概念代入,从而得到不同的具体直言命题,在直言命题中作为主项和谓项的具体概念就称为词项。

联项和量项又称为词项常项。直言命题的种类主要是由词项常项来决定的。

根据直言命题的质和量的结合,直言命题依联项不同分肯定命题、否定命题,直言命题依量项不同分单称命题、全称命题、特称命题。

两两组合可以把直言命题分为以下六种形式:

全称肯定命题:所有 S 是 P。

全称否定命题:所有 S 不是 P。

特称肯定命题:有些 S 是 P。

特称否定命题:有些 S 不是 P。

单称肯定命题:某个 S 是 P。

单称否定命题:某个 S 不是 P。

逻辑上通常用 26 个字母中的前四个元音字母来指称上述各种直言命题,即分别用 A、E、I、O、a、e 来表示全称肯定命题、全称否定命题、特称肯定命题、特称否定命题、单称肯定命题、单称否定命题。相应的命题形式为:SAP、SEP、SIP、SOP、SaP、SeP。如把单称作全称处理,则有四种直言命题 A、E、I、O。

在日常语言中,直言命题的表达形式并不是那么规范的,存在着大量的不规范的、非标准的表达方式。我们在考察直言命题的特征和直言命题间的关系时,需要把不规范的、非标准的直言命题变换为规范的、标准的直言命题表达形式。例如:

①玫瑰不都是红色的。

②不是所有天鹅都是白的。

③没有人自私。

④没有无因之果。

⑤不是所有参加测试者都不合格。

在上述例子中，①和②都是表达的特称否定命题，③表达的是全称否定命题，④表达的是全称肯定命题，⑤表达的是特称肯定命题。其中，①的意思是"有些玫瑰不是红色的"，②的意思是"有些天鹅不是白的"，③的意思是"所有人不是自私的"，④的意思是"所有结果是有原因的"，⑤的意思是"有些参加测试者是合格的"。

3.5　直言命题主谓项间的五种关系

如前所述，词项外延间存在着并仅存在五种关系，直言命题主谓项之间在外延上也存在着并仅存在这五种关系，即全同关系、真包含于关系、真包含关系、交叉关系和全异关系。

如果用S、P分别表示两个词项，用圆圈表示词项的外延，那么上述词项间的五种外延关系，可分别用欧拉图（一种用圆圈来表示词项之间在外延上的关系的图解）具体表示如下：

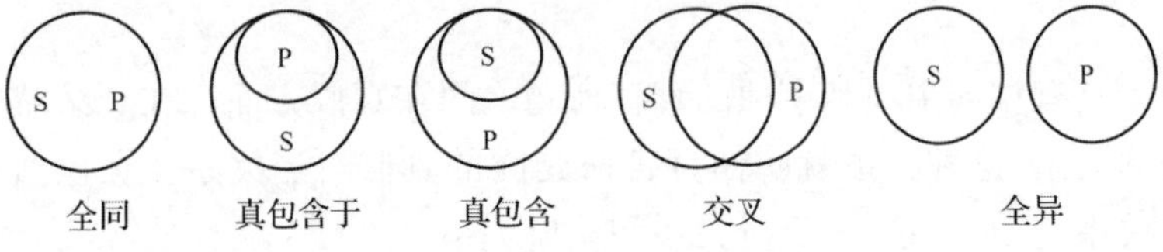

直言命题词项间有且只有这五种关系，依据A、E、I、O四种命题不同的联项，可以刻画出相同主谓项四种直言命题的真假特征。

其中，全称肯定命题在主项和谓项之间具有全同关系或真包含于关系时为真，在其他关系时为假；全称否定命题在主项和谓项之间具有全异关系时为真，在其他关系时为假；特称肯定命题在主项和谓项之间具有全异关系时为假，在其他关系时为真；特称否定命题在主

项和谓项之间具有全同关系或真包含于关系时为假,在其他关系时为真。列表如下:

关系 命题	全同关系	真包含于关系	真包含关系	交叉关系	全异关系
SAP	真	真	假	假	假
SEP	假	假	假	假	真
SIP	真	真	真	真	假
SOP	假	假	真	真	真

特别需要注意的是,特称肯定命题 SIP 在全同关系下或真包含于关系下都为真,因为全称肯定命题 SAP 此时为真,既然“所有 S 都是 P”,当然也可以说“有些 S 是 P”。同理,特称否定 SOP 在全异关系下为真,因为全称否定命题 SEP 此时为真,既然“所有 S 都不是 P”,当然也可以说“有些 S 不是 P”。例如,“有些大学生是人”为真,因为既然“所有大学生都是人”,当然也可以说“有些大学生是人”。如果“有些大学生是人”为假,就意味着其矛盾命题“所有大学生都不是人”为真,这显然是荒谬的。

3.6 相同主谓项四种直言命题间的真假对当关系

具有相同主项和谓项的直言命题之间在真假方面存在着必然的制约关系,这种关系就叫作直言命题间的真假对当关系。它包括矛盾关系、反对关系、下反对关系和从属关系。

3.6.1 矛盾关系:不能同真,不能同假

矛盾关系存在于 SAP 和 SOP 之间、SEP 和 SIP 之间、SaP 和 SeP 之间。具有矛盾关系的两个命题之间不能同真(必有一假),也不能同假(必有一真)。不能同真,就是说当其中一个命题真时,另一个命题必假;不能同假,就是说当其中一个命题假时,另一个命题必真。

例如,“我们班所有同学考试都及格”与“我们班有些同学考试不及格”之间是矛盾关系,“我们班所有同学考试都不及格”与“我们班有些同学考试及格了”之间也是矛盾关系,“张永考试及格了”与“张永考试不及格”之间也具有矛盾关系。

3.6.2　反对关系:不能同真,可以同假

反对关系存在于 SAP 和 SEP 之间。具有反对关系的两个命题之间不能同真(必有一假),但是可以同假。不能同真,就是说当其中一个命题真时,另一个命题必假;可以同假,就是说当其中一个命题假时,另一个命题的真假情况不能确定,即可真可假。例如,“我们班所有同学考试都及格了”与“我们班所有同学考试都不及格”之间就具有反对关系。同时,SAP 与 SeP 之间、SEP 与 SaP 之间也具有反对关系。

3.6.3　下反对关系:可以同真,不能同假

下反对关系存在于 SIP 和 SOP 之间。具有下反对关系的两个命题之间不能同假(必有一真),但是可以同真。不能同假,就是说当其中一个命题假时,另一个命题必真;可以同真,就是说当其中一个命题真时,另一个命题的真假情况不能确定,即可真可假。例如,“我们班有些同学考试及格”与“我们班有些同学考试不及格”之间就具有下反对关系。同时,SeP 与 SIP 之间、SaP 与 SOP 之间也具有下反对关系。

3.6.4　从属关系:可以同真,可以同假。在逻辑方阵中,上真下必真,下假上必假

从属关系存在于 SAP 与 SIP 之间、SEP 与 SOP 之间。具有从属关系的两个命题之间可以同真,也可以同假。可以同真,就是说当全称命题真时特称命题一定真,当特称命题真时全称命题的真假情况不能确定,即可真也可假。可以同假,就是说当特称命题假时全称命

题一定假,当全称命题假时特称命题的真假情况不能确定,即可真也可假。例如,当“我们班所有同学考试都及格了”为真时,“我们班有些同学考试及格了”也必然为真;而当“我们班有些同学考试及格”为假时,“我们班所有同学考试都及格”必然为假。但是,当“我们班所有同学考试都及格了”为假时,“我们班有些同学考试及格了”的真假情况不能确定;当“我们班有些同学考试及格了”为真时,“我们班所有同学考试都及格了”的真假情况也不能确定。SAP 与 SaP 之间、SaP 与 SIP 之间、SEP 与 SeP 之间、SeP 与 SOP 之间也存在着从属关系。例如,当“我们班所有同学考试都及格了”为真时,“我们班的某个同学考试及格了”必然为真;当“我们班的某个同学考试及格了”为真时,“我们班有些同学考试及格了”也必然为真。

SAP、SEP、SIP 和 SOP 四种直言命题之间的真假对当关系可以用一个正方图形来表示,这个正方图形就叫作“逻辑方阵”,即

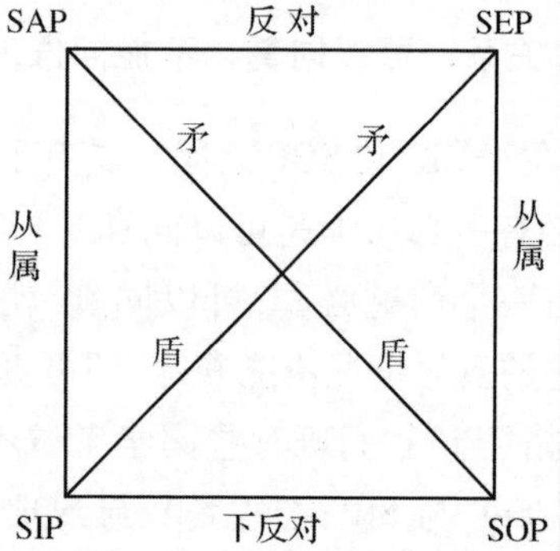

3.7 对当关系推理

3.7.1 矛盾关系推理

根据逻辑方阵中的矛盾关系,可以从一个直言命题为真推出与

该直言命题具有矛盾关系的命题为假,也可以从一个直言命题为假推出与该直言命题具有矛盾关系的命题为真。即一个直言命题与其具有矛盾关系的命题的否定之间可以互相推出。具体推理形式如下("↔"表示在两个命题之间可以互推;"¬"表示对一个命题的否定或这个命题是假的):

SAP↔ ¬(SOP)

SEP↔ ¬(SIP)

SIP↔ ¬(SEP)

SOP↔ ¬(SAP)

SaP↔ ¬(SeP)

SeP↔ ¬(SaP)

3.7.2 反对关系推理

根据直言命题之间的反对关系,可以从一个直言命题为真推出与该直言命题具有反对关系的命题为假。具体推理形式如下("→"表示推出关系):

SAP→ ¬(SEP)

SEP→ ¬(SAP)

SAP→ ¬(SeP)

SEP→ ¬(SaP)

3.7.3 下反对关系推理

根据直言命题之间的下反对关系,可以从一个直言命题为假推出与该直言命题具有下反对关系的命题为真。这就是:

¬(SIP)→SOP

¬(SOP)→SIP

3.7.4 差等关系推理

根据直言命题之间的从属关系,可以从全称命题真推出特称命

题真,从特称命题假推出全称命题假,还可以从全称命题真推出单称命题真,从单称命题真推出特称命题真,等等。这就是:

SAP→SIP

SEP→SOP

¬(SIP)→¬(SAP)

¬(SOP)→¬(SEP)

SAP→SaP

SaP→SIP

SAP→SIP

SEP→SOP

3.8 直言命题变形推理

在学习直言命题变形推理和直言三段论之前,首先要明白一个基本概念,即词项的周延性。

3.8.1 直言命题主谓项的周延性

词项就是直言命题的主项和谓项。词项的周延性就是对直言命题的主项或谓项的外延(即作为词项的概念所反映的事物对象的范围)的断定情况。在一个直言命题中,如果断定了主项或谓项的全部外延,我们就说主项或谓项是周延的;如果没有断定主项或谓项的全部外延,我们就说主项或谓项是不周延的。例如:

①所有商品都是有价值的。

②所有人都不是长生不老的。

③有些劳模是冒牌的。

④有些领导人不是廉洁的。

上例①中的主项"商品"是周延的,因为该直言命题对"商品"的全部外延做出了断定,但谓项"有价值的"是不周延的,因为该直言命题并没有对“有价值的”的全部外延做出断定。只是说“商品都是有价值的”，并没有说“所有商品都是所有有价值的”。②中的主项“人”和谓项“长生不老的”都是周延的，因为该直言命题不仅对“人”的全部外延做出了断定，而且对“长生不老的”全部外延做出了断定，即“所有人不是所有长生不老的”。③中的主项“劳模”和谓项“冒牌的”都是不周延的，因为该直言命题既没有对主项“劳模”的全部外延做出断定，也没有对谓项“冒牌的”的全部外延做出断定。④中的主项“领导人”是不周延的，因为该直言命题没有对“领导人”的全部外延做出断定，但谓项“廉洁的”是周延的，因为该直言命题对“廉洁的”全部外延做出了断定。

总之，词项的周延性是由词项常项（直言命题的联项和量项）来决定的。具体来说，主项的周延性由量项来决定，量项是全称的则主项周延，量项是特称的则主项不周延。谓项的周延性由联项来决定，联项是否定的则谓项周延，联项是肯定的则谓项不周延。当我们说“S是P”的时候，不需要断定“S是所有的P”，但当我们说“S不是P”的时候，已经断定了“S不是所有的P”。

全称命题主项周延，例如：

师范大学是培养教师的学校。

特称命题主项不周延，例如：

有些综合性大学是有医学院的大学。

肯定命题谓项不周延，例如：

所有的鸟都是会飞的动物。

有的天鹅是白色的。

否定命题谓项周延，例如：

所有加入WTO的都不是闭关自守的国家。

有的网络精英不是百万富翁。

在直言命题中，如果断定了一个词项的全部外延，则称该词项周延，否则就是不周延。

3.8.2 直言命题变形推理

直言命题的变形推理就是通过改变前提中直言命题的形式,即通过改变前提中直言命题的联项或主项与谓项的位置,从而推出结论的推理。它包括换质推理、换位推理以及二者的综合运用。

1. 换质推理

换质推理是通过改变前提中直言命题的联项,即将“是”改为“不是”或将“不是”改为“是”,从而推出结论的推理方法。换质推理通常又称“换一个说法”,即肯定的命题用否定的方式来表达,或者否定的命题用肯定的方式来表达。

在进行换质推理时需要注意的是,除了需要改变联项外,同时还需要把结论中的谓项变为前提谓项的矛盾概念。

直言命题 A、E、I、O 的换质推理情况如下:

“所有 S 是 P”可以换质为“所有 S 不是非 P”。

“所有 S 不是 P”可以换质为“所有 S 是非 P”。

“有些 S 是 P”可以换质为“有些 S 不是非 P”。

“有些 S 不是 P”可以换质为“有些 S 是非 P”。

例如:

“所有商品都是有价值的”可以换质为“所有商品都不是没有价值的”。

“所有人都不是长生不老的”可以换质为“所有人都是会死的”。

“有些人是自私的”可以换质为“有些人不是不自私的”。

“有些领导人不是廉洁的”可以换质为“有些领导人是不廉洁的”。

换质法推理:改变联项性质,谓项变为原概念的矛盾概念。推理有效式如下:

$SAP \rightarrow SE\neg P$

$SEP \rightarrow SA\neg P$

$SIP \rightarrow SO\neg P$

SOP→SI¬P

2. 换位推理

换位推理就是通过改变前提中直言命题的主项和谓项的位置，从而推出结论的推理方法。换位推理通常又称为“倒过来说”。

在进行换位推理时，除了需要交换主项和谓项的位置外，还需要注意在前提中不周延的词项在结论中也不能周延。

直言命题A、E、I、O的换位推理情况如下：

“所有S是P”可以换位为“有些P是S”。

“所有S不是P”可以换位为“所有P不是S”。

“有些S是P”可以换位为“有些P是S”。

“有些S不是P”不能换位为“有些P不是S”。

例如：

“所有无价证券都是不准买卖的物品”可以换位为“有些不准买卖的物品是无价证券”。

“所有大学生不是中学生”可以换位为“所有中学生不是大学生”。

“有些花是红色的”可以换位为“有些红色的是花”。

“有些人不是大学生”不能换位为“有些大学生不是人”。

需要指出的是，全称肯定命题“所有S是P”，通过换位只能推出一个特称肯定命题“有些P是S”，不能推出“所有P是S”，因为P在前提中是全称肯定命题的谓项，是不周延的，如果推出“所有P是S”，P作为全称命题的主项就是周延的了，违背了“在前提中不周延的词项在结论中不能周延”的要求。例如，我们从“所有无价证券都是不准买卖的物品”出发，通过换位只能得到“有些不准买卖的物品是无价证券”，不能得到“所有不准买卖的物品都是无价证券”，显然，像毒品、人等都是“不准买卖的物品”，但并非“无价证券”。

换位法推理：联项性质不变，交换主谓项位置，原命题中不周延项交换后不得周延。推理有效式如下：

SAP→PIS

SEP→PES

SIP→PIS

［思考］ O 命题为什么不能换位？

特称否定命题“有些 S 不是 P”不能通过换位推出“有些 P 不是 S”，因为“S”在前提中作为特称命题的主项不周延，如果换位后作为结论的谓项就是周延的了，违背了“在前提中不周延的词项在结论中不能周延”的要求。

3. 换质推理和换位推理的综合运用

通过换质推理得到的结论还可以进行换位，通过换位推理得到的结论还可以进行换质。这关键是要看具体推理过程的需要。例如：

既然证人都必须是精神上没有缺陷的人，所以，精神上有缺陷的人都不能作证人。

上述推理就是先通过换质，得到“证人都不是精神上有缺陷的人”，再进行换位得到的。

3.9 直言命题三段论推理

三段论是由包含着一个共同词项的两个直言命题推出一个新的直言命题的推理。例如：

所有阔叶植物都是落叶的，

所有葡萄树都是阔叶植物，

所有葡萄树都是落叶的。

3.9.1 直言三段论结构

三段论在结构上包括大项、小项和中项。大项是作为结论的谓项的概念。小项是作为结论的主项的概念。中项是在前提中出现两次而在结论中不出现的概念。上例中,“落叶的”是大项,“葡萄树”是小项,“阔叶植物”是中项。

三段论的两个前提分别叫作大前提和小前提。其中,包含大项的前提叫大前提,包含小项的前提叫小前提。按照通常的习惯,大前提排在前面,小前提排在后面。但是,排列的顺序不是区分大、小前提的标准。区分大、小前提,只能看它们是包含大项还是包含小项。中项在三段论中非常重要,它起到把大、小前提连接起来,从而推出结论的桥梁和纽带作用。

在三段论中,大项通常用字母 P 表示,小项用字母 S 表示,中项用字母 M 表示。这样,上述推理的一般公式可以表示为:

所有 M 都是 P
所有 S 都是 M
——————
所有 S 都是 P

也可以写为:

MAP
SAM
————
SAP

上述公式是三段论最为重要的公式之一。它属于三段论第一格的 AAA 式。

3.9.2　直言三段论的格与式

1. 三段论的格

三段论的格就是根据前提中中项所在位置不同将三段论分为四个不同的格,三段论共有四个不同的格。

第一格:中项在大前提主项位置,小前提谓项位置。

第二格:中项在大前提谓项位置,小前提谓项位置。

第三格:中项在大前提主项位置,小前提主项位置。

第四格:中项在大前提谓项位置,小前提主项位置。

三段论的四个格可以分别用符号表示如下：

第一格	第二格	第三格	第四格
M—P	P—M	M—P	P—M
S—M	S—M	M—S	M—S
S—P	S—P	S—P	S—P

例如：

所有黄铜不是金子，

所有黄铜是闪光的，

有些闪光的不是金子。

就是一个第三格的三段论。

2. 三段论的式

针对每一个格的三段论，如果再考虑前提和结论的联项和量项的不同，就可以得到某一个格的三段论的式。如上例中三段论的式就是第三格的 EAO 式，因为它的大前提是 MEP，小前提是 MAS，结论是 SOP。

根据 A、E、I、O 四种命题在前提和结论的不同组合，可将三段论分为 64 个不同的式，如 AAA、AOO、EAE、EIO、AII、IAI ……

3. 三段论的有效式

三段论的 64 个式并非都是有效式。例如，OOO 是无效式，AAE 是无效式。根据下述三段论的规则，可筛除 53 个无效式，余 11 个有效式。按照各格特殊规则分配到四个格中，共 24 个有效式：

第一格:AAA、AII、EAE、EIO、(AAI)、(EAO)。

系二格:AEE、EAE、EIO、AOO、(AEO)、(EAO)。

第三格:AAI、AII、EAO、EIO、IAI、OAO。

第四格:AAI、AEE、EAO、EIO、IAI、(AEO)。

3.9.3 三段论的公理

一切三段论推理之所以能进行，在于它们有一个共同的根据，即它们都遵循着下述这样一条公理:凡肯定或否定了全部,也就肯定或否定了部分和个别。这一公理称为三段论公理,可以用下图(a)、(b)表示。

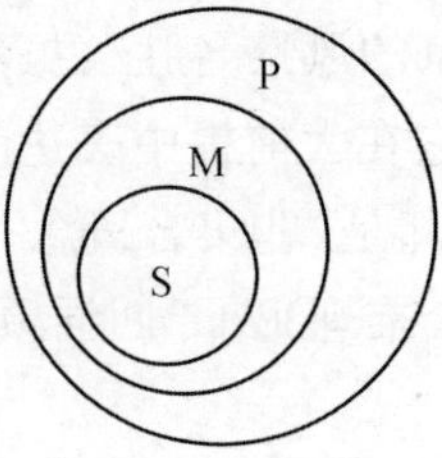

(a)

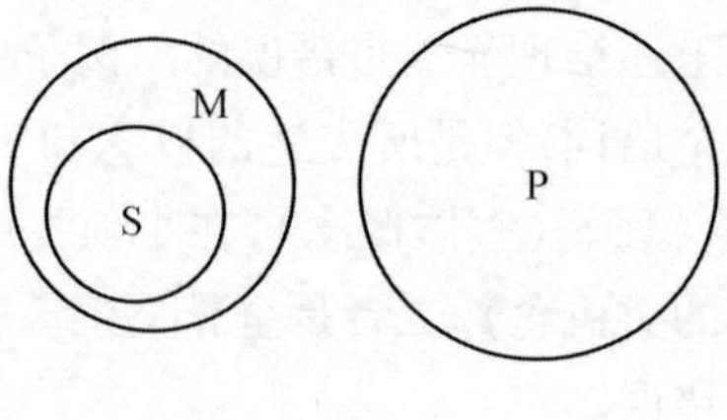

(b)

在图(a)中,M类包含在P类中(M类的全部是P),则M类中的一部分(S)也包含在P类中(S是P)。在图(b)中,M类和P类相排斥(M类的全部不是P),则M类中的一部分(S)也和P类相排斥。(S不是P)。

这个公理反映了客观事物中的一般和个别的关系,即属和种的包含关系,它是三段论推理的逻辑根据。

3.9.4 直言三段论规则

一个三段论是否正确,一个三段论推理是否有效,可以通过下述规则来加以判定。

1. 一个正确的三段论有且只能有三个不同的词项

三段论的实质就是要借助前提中一个共同词项即中项作为媒介,使大、小项发生逻辑关系从而推出结论。如果一个三段论只有两个不同的项,那么大、小项就找不到一个中项来建立关系从而推出结论。如果一个三段论包含有四个不同的词项,那么就有可能大项和一个项存在关系,小项和另一个项存在关系,但找不到一个项分别和大、小项存在关系。如果包括五个或六个不同的项,那就更不是三段论了。违反这条规则,通常出现的逻辑错误称为"四词项"或"四概念"。例如:

北京的风景名胜不是一天能够游览完毕的，

颐和园是北京的风景名胜，

颐和园不是一天能够游览完毕的。

上述推理显然是错误的。例子中的“北京的风景名胜”，虽然是同一个语词，但是所表达的概念却不一样。它在大前提中表达的是“集合概念”（整体概念），在小前提中表达的却是“非集合概念”（非整体的类概念），二者是全异关系。所以，整个推理犯了“四词项”的逻辑错误。

2. 一个正确的三段论中，中项至少要周延一次

中项要起到媒介作用，必须至少有一部分外延既与大项建立关系，又与小项建立关系。如果中项两次都不周延，那么中项就有可能不存在一部分外延既和大项联系，又和小项联系，这就无法确定大、小项的关系。如果中项至少周延一次，那么，中项的全部外延就与大项或小项建立了联系，这样就能确保至少有一部分外延同大、小项存在关系。违反这条规则，就要犯“中项两次不周延”的逻辑错误。例如：

领导干部是人民的勤务员，

我是人民的勤务员，

我是领导干部。

上例中的中项“人民的勤务员”，在前提中两次都是肯定命题的谓项，都不周延，犯了“中项两次不周延”的逻辑错误。

［思考］ 英雄难过美人关，我难过美人关。

3. 在前提中不周延的词项在结论中也不能周延

这条规则是对大项和小项的外延的规定。三段论是一种必然性的推理，它要求不能从部分推出全部，不能从不周延的词项过渡到周延的词项，否则推理就不具有必然性了。违反这条规则所犯的逻辑错误有“大项不当周延”和“小项不当周延”。

“大项不当周延”是指大项在前提中不周延，而在结论中变得周延了。例如：

①共产党员都应该为抗洪救灾捐款，

我不是共产党员，

我不应该为抗洪救灾捐款。

“小项不当周延”是指小项在前提中不周延，而在结论中变得周延了。例如：

②小王不讲卫生，

小王是大学生，

大学生都不讲卫生。

上例①中的大项“应该为抗洪救灾捐款”在前提中是肯定命题的谓项，不周延，但在结论中却是否定命题的谓项，周延了，所以犯了“大项不当周延”的错误。②中的小项“大学生”在前提中是肯定命题的谓项，不周延，但在结论中是全称命题的主项，周延了，所以犯了“小项不当周延”的逻辑错误。

4．两个否定前提推不出结论

如果三段论的两个前提都是否定的，那么小项和大项必然都同中项相排斥，这样，中项就无法起到联结大、小项的作用，作不出形式有效的推导。例如：

中学生不是大学生，

高职生不是中学生，

这些学生？

上例不能推出必然性的结论，因为，如果推出“这些学生是大学生”，但也有可能这些学生刚好是小学生呢？小学生显然也不是中学生；如果推出“这些学生不是大学生”，但也有可能这些学生刚好是大学生呢？大学生显然也不是中学生。

5．如果前提中有一个是否定的，那么结论就是否定的；如果结论是否定的，那么前提中必有一个是否定的

如果前提中有一个是否定的，那么小项和大项之一必然同中项相排斥,无论是小项同中项相排斥,还是大项同中项相排斥,在结论中小项同大项必然相排斥,结论必然是否定的。反过来,如果结论是否定的,那么大项同小项互相排斥,因此,在前提中大项和小项之一必然同中项相排斥,前提中必然有一个是否定的。例如:

凡有效的经济合同必须采取书面形式,

这份经济合同没有采取书面形式,

这份经济合同不是有效的。

6. 两个特称前提推不出结论

两个前提都是特称的,则前提的组合情况无非三种:OO、II、IO(OI)。

(1) OO。根据规则4,推不出结论。

(2) II。其中没有一个词项是周延的,根据规则2,犯有"中项两次不周延"的错误,推不出正确的结论。

(3) IO(OI)。其中只有一个词项是周延的,首先这个唯一周延的词项要保证符合规则2"中项至少要周延一次"的要求,必须作为中项,因而大项在前提中不周延。但是,根据规则5,结论必然是否定的,所以,大项在结论中是周延的,这就违反了规则3,犯了"大项不当周延"的逻辑错误。如果要保证符合规则3的要求,大项在前提和结论中都周延,就会违反规则2,犯了"中项两次不周延"的逻辑错误。因此,根据规则2和规则3,IO(OI)做前提也推不出结论。

7. 如果前提中有一个是特称的,那么结论就是特称的

根据规则6,如果两个前提中有一个是特称的,则另一个必须是全称的。因此,包含一个特称命题的两个前提无非是以下四种情况:AI、AO、EI、EO。

(1) EO。根据规则4,推不出正确的结论。

(2) AI。其中只有一个周延的词项,即A命题的主项。根据规则2,前提中这个唯一周延的词项必须作中项,否则就要犯"中项两次不周延"的错误。这样,大、小项在前提中均不周延。根据规则3,

大、小项在结论中也不得周延。所以,结论必然是特称的。

(3) AO、EI。其中分别有两个词项周延。根据规则2,其中一个周延的词项必须作中项,否则就会犯"中项两次不周延"的逻辑错误。又根据规则5,结论必然是否定的,所以,大项在结论中是周延的。根据规则3,大项在前提中必须周延,否则就会犯"大项不当周延"的逻辑错误。因此,另一个周延的词项必须作大项,小项在前提中不周延。根据规则3,则小项在结论中也不得周延,所以结论必然是特称的。

综上所述,前提中有一个是特称的,则结论就是特称的。

3.9.5　直言三段论省略式

三段论省略式是在三段论中省略了一个命题,即没有明白表示出大前提或小前提或结论的三段论。

1. 略去大前提

例如:"革命总有一天要胜利,原因就在于革命代表进步。"这是略去大前提的省略三段论。补出它的大前提后的完整形式是:代表进步的运动总有一天要胜利,革命代表进步的运动,所以,革命总有一天要胜利。

2. 略去小前提

例如:"一切革命者都是为人民服务的,文艺工作者不能例外。"这是一个略去小前提的三段论,它的完整形式是:一切革命者都是为人民服务的,文艺工作者是革命者,所以,文艺工作者是为人民服务的。

3. 略去结论

例如:"我们的事业是正义的;正义的事业是任何敌人也攻不破的。"这是一个略去结论的三段论,它的完整形式是:正义的事业是任何敌人也攻不破的,我们的事业是正义的事业,所以,我们的事业是任何敌人也攻不破的。

省略形式的三段论要能够将省略的命题加以补充。补充的方法是将两个出现一次的词项组成一个新的命题。例如:“铁是金属,所以铁是导体。”其中,“金属”和“导体”各出现一次,于是,以这两个词项分别作主项和谓项组成一个命题。由于两个命题都是肯定命题,所以,组成的新命题也必须是肯定命题。如果以“金属”作谓项,就会出现中项不周。所以,以“金属”作主项,以“导体”作谓项,该命题是“金属是导体”。该三段论是“金属是导体,铁是金属,所以,铁是导体”。

[思考]

抗日战争时,林彪到抗大演讲:资本主义是少数人发财,共产主义是大家发财。完了。

是不是一个三段论?

省略形式的三段论容易将逻辑错误掩盖起来。只有将省略的命题补充完整,才能发现其逻辑错误。例如:“苹果不是蔬菜,所以苹果不是食物。”其规范形式应是:“蔬菜是食物,苹果不是蔬菜,所以,苹果不是食物。”可知,该三段论犯了“大项误周”的逻辑错误。

在对话中,一个三段论还可能省略两个命题。例如,汽车上有人叫一位青年人给老人让座。这位青年说:“我又不是雷锋。”其实,这是一个省略形式的三段论:

雷锋给老人让座,
我不是雷锋,
———————
所以,我不给老人让座。

当然,这是个无效的三段论,犯了“大项误周”的逻辑错误。

批判性思维案例分析

[例1]　一家珠宝店的珠宝被盗,经查可以肯定是甲、乙、丙、丁四人中的某一个人所为。审讯中,他们四人各自说了一句话。

甲说:“我不是罪犯。”

乙说:“丁是罪犯。”

丙说:“乙是罪犯。”

丁说:“我不是罪犯。”

经调查证实,四人中只有一个人说的是真话。

根据以上条件,下列哪个判断为真?

A. 甲说的是假话,因此,甲是罪犯。

B. 乙说的是真话,丁是罪犯。

C. 丙说的是真话,乙是罪犯。

D. 丁说的是假话,丁是罪犯。

E. 四个人说的全是假话,丙才是罪犯。

【解析】 由于乙的话与丁的话是相互矛盾的,根据对当关系中的矛盾关系,二者必有一真,所以四人中唯一说真话的就在乙和丁二人之中。于是,甲和丙所说的话都为假。既然甲的话为假,则说明甲是罪犯。所以,正确选项应该是A。

[例2] 某珠宝店失窃,甲、乙、丙、丁四人涉嫌被拘审。四人的口供如下:

甲:案犯是丙。

乙:丁是罪犯。

丙:如果我作案,那么丁是主犯。

丁:作案的不是我。

四个口供中只有一个是假的。

如果上述断定为真,那么以下哪项是真的?

A. 说假话的是甲,作案的是乙。

B. 说假话的是丁,作案的是丙和丁。

C. 说假话的是乙,作案的是丙。

D. 说假话的是丙,作案的是丙。

E. 说假话的是甲,作案的是甲。

【解析】 题干中乙的话与丁的话具有互相矛盾关系,二者必有一个是假的,题干中说四个口供中只有一个是假的,显然,假的命题只能在乙与丁的口供中。于是,甲和丙的话都是真的。由甲和丙的话都为真做前提,可以推出结论:丁是主犯。丁是主犯,当然,丁也就是罪犯,所以,乙的话是真的,丁的话是假的。所以,罪犯是丙和丁,说假话的是丁。正确答案是B。

[**例3**] 某仓库失窃,四个保管员涉嫌被传讯。四人的口供如下:

甲:我们四人都没作案。

乙:我们中有人作案。

丙:乙和丁至少有人没作案。

丁:我没作案。

如果四人中有两人说的是真话,有两人说的是假话,那么以下哪项断定成立?

A. 说真话的是甲和丙。

B. 说真话的是甲和丁。

C. 说真话的是乙和丙。

D. 说真话的是乙和丁。

E. 说真话的是丙和丁。

【解析】 由于甲和乙的话具有矛盾关系,二者必有一真一假,再根据题干中的已知条件,可知丙和丁的话也必有一真一假。首先考虑丙和丁这两句话,如果丙的话为假,那么意味着乙和丁都作了案,此时丁的话也必为假。这就是说,假设丙的话为假,则丁的话也必为假,所以,丙的话不能是假的,丙的话必为真,说假话的是丁,丁是作案者。既然丁作了案,则甲说"我们四人都没作案"必为假,乙的话为真。因此,乙和丙的话都是真的,甲和丁的话都是假的,正确答案是C。

[**例4**] 某公司财务部共有包括主任在内的8名职员。有关这8名职员,以下三个断定中只有一个是真的:

(1) 有人是广东人。

(2) 有人不是广东人。

(3) 主任不是广东人。

以下哪项为真?

A. 8 名职员都是广东人。

B. 8 名职员都不是广东人。

C. 只有一个不是广东人。

D. 只有一个是广东人。

E. 无法确定该部广东人的人数。

【解析】 题干中的"有人是广东人"和"有人不是广东人"为下反对关系,根据对当关系,二者不能都假,必有一真。再根据题意,题干中三个断定只有一个是真的,于是唯一真的命题只能在(1)和(2)这两个命题之中,所以,"主任不是广东人"必假。既然"主任不是广东人"为假,所以"主任是广东人"为真。根据对当关系中的从属关系,由"主任是广东人为真",可以推出"有人是广东人"为真。再根据题意,题干中三个断定只有一个为真,既然"有人是广东人"是真的,所以,"有人不是广东人"就是假的。再根据对当关系的矛盾关系,由"有人不是广东人"为假,可以推出"所有人是广东人"为真。所以,正确答案是 A。

[**例 5**] 这个单位已发现有育龄职工违纪超生。

如果上述断定是真的,那么在下述三个断定中不能确定真假的是:

Ⅰ. 这个单位没有育龄职工不违纪超生。

Ⅱ. 这个单位有的育龄职工没违纪超生。

Ⅲ. 这个单位所有的育龄职工都未违纪超生。

A. 只有Ⅰ和Ⅱ　　　　B. Ⅰ、Ⅱ和Ⅲ

C. 只有Ⅰ和Ⅲ　　　　D. 只有Ⅱ

E. 只有Ⅰ

【解析】 题干为特称肯定命题 SIP。Ⅰ为全称肯定命题 SAP,即"这个单位所有育龄职工都违纪超生"。Ⅱ为特称否定命题 SOP。Ⅲ为全称否定命题 SEP。根据直言命题之间的真假对当关系,当题干 SIP 为真时,SAP、SOP 的真假都不能确定,只有 SEP 必为假。所以正确答案是 A。

[例 6] 有人说:“哺乳动物都是胎生的。”

以下哪项最能驳斥上述判断?

A. 也许有的非哺乳动物是胎生的。

B. 可能有的哺乳动物不是胎生的。

C. 没有见到过非胎生的哺乳动物。

D. 非胎生的动物不大可能是哺乳动物。

E. 鸭嘴兽是哺乳动物,但不是胎生的。

【解析】 要反驳某一个命题,也就是要确定某一个命题是假的。题干中是一个全称肯定命题,根据对当关系,当一个特称否定命题为真时,相对应的全称肯定命题一定假,所以,需要寻找一个特称否定命题来反驳题干。如果选项 E 为真,那么可以推出一个特称否定命题:有些哺乳动物不是胎生的。选项 C 和 D 都支持题干,A 对题干没有提出质疑,B 项虽能削弱题干(只是“可能”),但是远不如 E 项有力。所以,正确答案是 E。

[例 7] 以下诸项结论都是根据 2013 年度某商厦各个职能部收到的雇员报销单据综合得出的。在此项综合统计做出后,有的职能部门又收到了雇员补交上来的报销单据。

以下哪项结论不可能被补交报销单据这一新的事实所推翻?

A. 超级市场部仅有 14 个雇员交了报销单据,报销了至少 8700 元。

B. 公关部最多只有 3 个雇员交了报销单据,总额不多于 2600 元。

C. 后勤部至少有 8 个雇员交了报销单据,报销总额为 5234 元。

D. 会计部至少有 4 个雇员交了报销单据,报销了至少 2500 元。

E. 总经理事务部至少有 7 个雇员交了报销单据,报销额不比后勤部多。

【解析】 正确答案是 D。因为该项只设定了下限(至少有 4 个雇员,报销了至少 2500 元),而没有设定任何上限,于是它不可能被任何新的报销情况所否定。其他各个选项都至少设定了一个上限,因而可以被新的报销情况所推翻或否定。A 项"仅有 14 个雇员",B 项中"只有 3 个雇员"、"不多于 2600 元",C 项中"总额为 5234 元",E 项中"不比后勤部多"等都容易被新的报销单据所推翻。而 D 项中"至少有 4 个雇员"、"至少 2500 元"都不会被新的报销单据所否定。这道题主要考察了特称量项"至少"的含义。

[例 8] 某家饭店中,一桌人边用餐边谈生意。其中,一个人是哈尔滨人,两个人是北方人,一个人是广东人,两个人只做电脑生意,三个人只做服装生意。

如果以上介绍涉及餐桌上所有的人,那么这一桌最少可能是几个人?最多可能是几个人?

A. 最少可能是 3 人,最多可能是 8 人。

B. 最少可能是 5 人,最多可能是 8 人。

C. 最少可能是 5 人,最多可能是 9 人。

D. 最少可能是 3 人,最多可能是 9 人。

E. 无法确定。

【解析】 从来源上来看,最多、最少只能是 3 人。这是因为"一个哈尔滨人"和"两个北方人"之间具有真包含于关系。从职业上来看,最多、最少都是 5 人。因为"只做电脑生意的两个人"与"只做服装生意的三个人"之间具有全异关系。由于从来源上来看的"3 个人"又可以真包含于从职业上来看的"5 个人"之中,所以,这一桌人最少是 5 人,最多是 8 人。所以,正确答案是 B。

[例 9] 所有的聪明人都是近视眼,我近视得很厉害,所以,我很聪明。

以下哪一项揭示了上述推理是明显错误的?

A. 我是个笨人,因为所有的聪明人都是近视眼,而我的视力那么好。

B. 所有的猪都有四条腿,但这种动物有八条腿,所以它不是猪。

C. 小陈十分高兴,所以小陈一定长得很胖;因为高兴的人都长得很胖。

D. 所有的天才都高度近视,我一定是高度近视,因为我是天才。

E. 所有的鸡都是尖嘴的,这种总在树上呆着的鸟是尖嘴的,因此它是鸡。

【解析】 题干是第二格的三段论,该三段论是错误的,犯了“中项两次不周延”的错误。选项A也是第二格的三段论,但该三段论是正确的。题干的两个前提和结论都是肯定的,而选项A的小前提和结论都是否定的。选项A的规范形式可以整理为:“所有的聪明人都近视,我不近视,所以,我不聪明”。选项B的规范形式可以整理为:“所有的猪都有四条腿,这种动物没有四条腿,所以这种动物不是猪”,虽然也是第二格的三段论,但其小前提和结论与选项A一样都是否定的,也是正确的三段论。选项C的规范形式是:“高兴的人都能长胖,小陈十分高兴,所以小陈一定长得胖”,属于第一格的三段论,该三段论是形式有效的。选项D的规范形式是:“所有的天才都高度近视,我是天才,所以我一定是高度近视”,该三段论与选项C一样,也属于形式有效的第一格三段论。选项E的规范形式是:“所有鸡都是尖嘴的,这种鸟是尖嘴的,所以这种鸟是鸡”,与题干一样,是第二格的三段论,也犯了“中项两次不周延”的逻辑错误。所以,正确答案是E。解答类似的题,首先需要明白选项与题干是否属于同一个格,然后再分析是不是正确的,前提和结论是否完全一致,等等。

[例10] 有些导演留大胡子,因此,有些留大胡子的人是大嗓门。

为使上述推理成立,必须补充以下哪项作为前提?

A. 有些导演是大嗓门。

B. 所有大嗓门的人都是导演。

C. 所有导演都是大嗓门。

D. 有些大嗓门不是导演。

E. 有些导演不是大嗓门。

【解析】 题干中的前提是特称的,根据三段论的规则6,另一个前提不能是特称的，否则两个特称前提就不能必然推出结论，因此，另一个前提必须是全称的，这样，选项 A、D、E 都必须排除。如果补充选项 B 作为前提，就会犯“中项两次不周延”的逻辑错误。所以，正确答案是 C。

[**例 11**] 想从事秘书工作的学生，都报考中文专业。李芝报考了中文专业，他一定想从事秘书工作。

下述哪项如果为真，最能支持上述观点？

A. 所有报考中文专业的考生都想从事秘书工作。

B. 有些秘书是大学中文专业的毕业生。

C. 想从事秘书工作的人有些报考了中文专业。

D. 有不少秘书都有中文专业学位。

E. 只有中文专业毕业的，才有资格从事秘书工作。

【解析】 题干是一个第二格的三段论，中项“报考中文专业”在两个前提中都处于肯定命题的谓项，犯了“中项两次不周延”的错误。如果选项 A 为真，就能使前提里的中项“报考中文专业”周延一次，从而使得题干的推理变为形式有效的推理，所以正确答案是 A。选项 B、C、D、E 均不能使中项“报考中文专业”周延一次，故都不是最能支持题干的。

[**例 12**] 所有爱斯基摩土著人都是穿黑衣服的；所有的北婆罗洲土著人都是穿白衣服的；没有既穿白衣服又穿黑衣服的人；H 是穿白衣服的人。

基于以上事实，下列哪个判断必为真？

A. H 是北婆罗洲土著人。

B. H 不是爱斯基摩土著人。

C. H 不是北婆罗洲土著人。

D. H 是爱斯基摩土著人。

E. H 既不是爱斯基摩土著人，也不是北婆罗洲土著人。

【解析】 本题要求判断 H 的身份，所以，题干中的“H 是穿白衣服的人”应该是推理的一个前提，该前提如果与“所有的北婆罗洲土著人都是穿白衣服的”构成三段论，则犯了“中项两次不周延”的逻辑错误，因为中项“穿白衣服的人”两次都处于肯定命题的谓项，所以选项A和C均不成立。进行三段论推理，关键是要找到一个共同的中项把前提联结起来。用“H是穿白衣服的人”与另一个前提“所有爱斯基摩土著人都是穿黑衣服的”构成三段论，首先需要将其中的一个命题“换一个说法”，例如可以将“H是穿白衣服的人”换质为“H不是穿黑衣服的人”，因为题干中有命题“没有既穿白衣服又穿黑衣服的人”，于是可以推出结论：“H不是爱斯基摩土著人”。所以，正确答案是B。

［**例13**］ 在某住宅小区的居民中，大多数中老年教员都办了人寿保险，所有买了四居室以上住房的居民都办了财产保险。而所有办了人寿保险的都没办理财产保险。

如果上述断定是真的，以下哪项关于该小区居民的断定必定是真的？

Ⅰ．有中老年教员买了四居室以上的住房。

Ⅱ．有中老年教员没办理财产保险。

Ⅲ．买了四居室以上住房的居民都没办理人寿保险。

A．Ⅰ、Ⅱ和Ⅲ　　B．仅Ⅰ和Ⅱ

C．仅Ⅱ和Ⅲ　　D．仅Ⅰ和Ⅲ

E．仅Ⅱ

【解析】 题干中的三个命题如下：

① 大多数中老年教员都办了人寿保险。

② 所有买了四居室以上住房的居民都办了财产保险。

③ 所有办了人寿保险的都没办理财产保险。

首先，由②和③可以推出Ⅲ，即“买了四居室以上住房的居民都没办理人寿保险”，其中的中项是“办理财产保险”。其次，由①和③可以推出“大多数中老年教员都没有办理财产保险”，进而推出Ⅱ，即“有中老年教员没办理财产保险”，其中的中项是“办了人寿保险”。而①和②找不到一个共同的中项来联结，所以Ⅰ即“有中老年教员买了四居室以上的住房”不能推出来。所以,正确答案是 C。

［例 14］　一个足球教练这样教导他的队员:“足球比赛从来是以结果论英雄。在足球比赛中,你不是赢家就是输家;在球迷的眼里,你要么是勇敢者,要么是懦弱者。由于所有的赢家在球迷眼里都是勇敢者,所以每个输家在球迷眼里都是懦弱者。”

以下哪项是上述论证所必须假设的?

A. 在球迷看来,球场上勇敢者必胜。

B. 球迷具有区分勇敢和懦弱的准确判断力。

C. 球迷眼中的勇敢者,不一定是真正的勇敢者。

D. 即使在球场上,输家也不是区别勇敢和懦弱的唯一标准。

E. 在足球比赛中,赢家一定是勇敢者。

【解析】　题干中从“所有的赢家都是勇敢者”推出“每个输家都是懦弱者”,还必须假设选项 A 作为前提。因为如果该项为假,则意味着“有些勇敢者不胜”,通过换质推理可得“有些勇敢者是输家”,再换位可得“有些输家是勇敢者”,再换质可得“有些输家不是懦弱者”。这显然与题干中的论点“每个输家在球迷眼里都是懦弱者”相矛盾。选项 A 是题干成立的必要条件。选项 E 不是题干成立的必要条件,因为假设该项为假,只是意味着“有些赢家不是勇敢者”,通过换质推理可得“有些赢家是懦弱者”,这与题干的断定并不矛盾。其他选项也都不是题干成立的必要条件,所以,正确答案是 A。

［例 15］　美国是当今世界上最富裕的国家,所以,每一个美国人都是富人。下面哪一项是题干中的推理所必须假定的?

A. 世界其他国家有不少富人移居美国。

B. 世界上最富裕的人都在美国。

C. 有的美国人不富裕。

D. 美国的人均收入是世界上最高的。

E. 当今世界上最富裕国家的公民都是富人。

【解析】　答案是 E。如果补充选项 E 到题干中,就构成一个如下形式的三段论:当今世界上最富裕国家的公民都是富人,(每一个)

美国(人都)是当今世界上最富裕国家(的公民),所以,每一个美国人都是富人。这是一个有效三段论。当然,它的结论不正确,而这是由于省略的大前提不正确造成的,而补充其他各项都不能使题干中的推理有效。

批判性思维练习

1. 莎士比亚在《威尼斯商人》中,写富家少女鲍细娅品貌双全,贵族子弟、公子王孙纷纷向她求婚。鲍细娅按照其父遗嘱,由求婚者猜盒定婚。鲍细娅有金、银、铅三个盒子,分别刻有三句话,其中只有一个盒子放有鲍细娅肖像。求婚者通过三句话,猜中鲍细娅的肖像放在哪只盒子里,就嫁给谁。三个盒子上刻的三句话分别是:

(1) 金盒子:“肖像不在此盒中。”

(2) 银盒子:“肖像在铅盒中。”

(3) 铅盒子:“肖像不在此盒中。”

鲍细娅告诉求婚者,上述三句话中,最多只有一句是真的。如果你是一位求婚者,如何尽快猜中鲍细娅的肖像究竟放在哪一个盒子里?

A. 金盒子。

B. 银盒子。

C. 铅盒子。

D. 要么金盒子,要么银盒子。

E. 不能确定。

2. 甲、乙、丙、丁是同班同学。

甲说:“我班同学考试都及格了。”

乙说:“丁考试没及格。”

丙说:“我班有人考试没及格。”

丁说:“乙考试也没及格。”

已知只有一个人说假话,则可推断以下哪项是真的?

A. 说假话的是甲,乙考试没及格。

B. 说假话的是乙,丙考试没及格。

C. 说假话的是丙,丁考试没及格。

D. 说假话的是丁,乙考试没及格。

E. 说假话的是甲,丙考试没及格。

3. 桌子上有四个杯子,每个杯子上写着一句话。

第一个杯子:“所有的杯子中都有水果糖。”

第二个杯子:“本杯中有苹果。”

第三个杯子:“本杯中没有巧克力。”

第四个杯子:“有些杯子中没有水果糖。”

如果其中只有一句话真,那么以下哪项为真?

A. 所有的杯子中都有水果糖。

B. 所有的杯子中都没有水果糖。

C. 所有的杯子中都没有苹果。

D. 第三个杯子中有巧克力。

E. 第二个杯子中有苹果。

4. 甲、乙、丙、丁四人在一起议论本班同学申请建行学生贷款的情况。

甲说:“我班所有同学都已申请了贷款。”

乙说:“如果班长申请了贷款,那么学习委员就没申请。”

丙说:“班长申请了贷款。”

丁说:“我班有人没有申请贷款。”

已知四人中只有一人说假话,则可推出以下哪项结论?

A. 甲说假话,班长没申请。

B. 乙说假话,学习委员没申请。

C. 丙说假话,班长没申请。

D. 丁说假话,学习委员申请了。

E. 甲说假话,学习委员没申请。

5. 在某次税务检查后,四个工商管理人员有如下结论:

甲:所有个体户都没纳税。

乙:服装个体户陈老板没纳税。

丙:个体户不都没纳税。

丁:有的个体户没纳税。

如果四个人中只有一人断定属实,那么以下哪项是真的?

A. 甲断定属实,陈老板没有纳税。

B. 丙断定属实,陈老板纳了税。

C. 丙断定属实,但陈老板没纳税。

D. 丁断定属实,陈老板未纳税。

E. 丁断定属实,但陈老板纳了税。

6. 学校在为失学儿童义捐活动中收到两笔没有署真名的捐款,经过多方查找,可以断定是周、吴、郑、王中的某两个捐的。经询问,

周说:“不是我捐的。”

吴说:“是王捐的。”

郑说:“是吴捐的。”

王说:“我肯定没有捐。”

最后经过详细调查证实四个人中有两个人说的是真话。

根据已知条件,请你判断下列哪项可能为真?

A. 是吴和王捐的。

B. 是周和王捐的。

C. 是郑和王捐的。

D. 是郑和吴捐的。

E. 是郑和周捐的。

7. 某县领导参加全县的乡计划生育干部会,临时被邀请上台讲话。由于事先没有做调查研究,也不熟悉县里计划生育的具体情况,只能说些模棱两可、无关痛痒的话。他讲道:“在我们县 14 个乡中,有的乡完成了计划生育指标;有的乡没有完成计划生育指标;李家集乡就没有完成嘛。”在领导讲话时,县计划生育委员会主任手里捏了一把汗,因为领导讲的三句话中有两句不符合实际,真后悔临时拉领

导来讲话。

以下哪项正确表示了该县计划生育工作的实际情况?

A. 在14个乡中至少有一个乡没有完成计划生育指标。

B. 在14个乡中除李家集乡外还有别的乡没有完成计划生育指标。

C. 在14个乡中没有一个乡没有完成计划生育指标。

D. 在14个乡中只有一个乡没有完成计划生育指标。

E. 在14个乡中只有李家集乡完成了计划生育指标。

8. 所有的三星级饭店都被搜查过了,没有发现犯罪嫌疑人的踪迹。

如果上述断定为真,那么在下面四个断定中:

Ⅰ. 没有三星级饭店被搜查过。

Ⅱ. 有的三星级饭店被搜查过了。

Ⅲ. 有的三星级饭店没有被搜查过。

Ⅳ. 犯罪嫌疑人藏的三星级饭店已被搜查过。

可确定为假的是:

A. 仅Ⅰ和Ⅱ　　B. 仅Ⅰ和Ⅲ

C. 仅Ⅱ和Ⅲ　　D. 仅Ⅰ、Ⅲ和Ⅳ

E. Ⅰ、Ⅱ、Ⅲ和Ⅳ

9. 林园小区有住户家中发现了白蚁。除非小区中有住户家中发现白蚁,否则任何小区都不能免费领取高效杀蚁灵。静园小区可以免费领取高效杀蚁灵。

如果上述断定都真,那么以下哪项据此不能断定真假?

Ⅰ. 林园小区有的住户家中没有发现白蚁。

Ⅱ. 林园小区能免费领取高效杀蚁灵。

Ⅲ. 静园小区的住户家中都发现了白蚁。

A. 只有Ⅰ　　B. 只有Ⅱ

C. 只有Ⅲ　　D. 只有Ⅱ和Ⅲ

E. Ⅰ、Ⅱ和Ⅲ

10. 通过调查得知,并非所有个体商贩都有偷税、逃税行为。

如果上述调查的结论是真实的,那么以下哪项一定为真?

A. 所有的个体商贩都没有偷税、逃税行为。

B. 多数个体商贩都有偷税、逃税行为。

C. 并非有的个体商贩没有偷税、逃税行为。

D. 并非有的个体商贩有偷税、逃税行为。

E. 有的个体商贩确实没有偷税、逃税行为。

11. 某律师事务所共有 12 名工作人员。

(1) 有人会使用计算机。

(2) 有人不会使用计算机。

(3) 所长不会使用计算机。

上述三个判断中只有一个是真的。

以下哪项正确表示了该律师事务所会使用计算机的人数?

A. 12 人都会使用。

B. 12 人没人会使用。

C. 仅有一人不会使用。

D. 仅有一人会使用。

E. 不能确定。

12. 某大会主席宣布:"此方案没有异议,大家都赞同,通过。"

如果以上不是事实,下面哪项必为事实?

A. 大家都不赞同方案。

B. 有少数人不赞同方案。

C. 有些人赞同,有些人反对。

D. 至少有人是赞同方案的。

E. 至少有人是反对方案的。

13. 以下诸项结论都是某理工学院学生处根据各个系收到的2012~2013 学年度奖助学金申请表综合得出的。在此项综合统计做出后,因为落实灾区政策,有的系又收到了一些学生补交上来的申请表。

以下哪项结论最不可能被补交奖助学金申请表这一新事实所推翻?

A. 汽车系仅有14名学生交申请表,总申请金额至少有5700元。

B. 物理系最多有7名学生交申请表,总申请金额为2800元。

C. 数学系共有8名学生交申请表,总申请金额等于3000元。

D. 化学系至少有5名学生交申请表,总申请金额多于2000元。

E. 生物系至少有7名学生交申请表,总申请金额不会多于汽车系。

14. 某大学某寝室中住着若干名学生。其中,一个是哈尔滨人,两个是北方人,一个是广东人,两个在法律系,三个是进修生。因此,该寝室中恰好有8人。

以下各项关于该寝室的断定是真的,都能加强上述论证,除了:

A. 题干中的介绍涉及了寝室中所有的人。

B. 广东学生在法律系。

C. 哈尔滨学生在财经系。

D. 进修生都是南方人。

E. 该校法律系不招收进修生。

15. 对某生产事故原因的民意调查中,70%的人认为是设备故障,30%的人认为是违章操作,25%的人认为原因不清,需要深入调查。

以下哪项最能合理地解释上述看来包含矛盾的陈述?

A. 被调查的有125个人。

B. 有的被调查的人改变了自己的观点。

C. 有的被调查者认为事故的发生既有设备故障的原因,也有违章操作的原因。

D. 很多认为原因不清的被调查者实际上有自己倾向性的判断,但不愿意透露。

E. 调查的操作出现技术性差错。

16. 某学校校长在校庆大会上讲话时说:“我们有许多毕业同学

以自己的努力已在各自领域中获得了优异成绩。他们有的已成为科学家、将军、市长、大企业家，我们的学校以他们为骄傲。毋庸置疑，我们已毕业同学中有许多女同学……”

如果该校长讲话中的断定都是真的，那么以下哪项必定是真的？

A. 取得优异成绩的全部是女同学。

B. 取得优异成绩的至少有女同学。

C. 取得优异成绩的男同学多于女同学。

D. 取得优异成绩的女同学多于男同学。

E. 取得优异成绩的可能没有女同学。

第4章　关系推理与模态推理

4.1　关系命题及结构

4.1.1　关系命题的概念

关系命题是陈述对象之间关系的简单命题。例如：

①某甲的罪行重于某乙的罪行。

②张某和李某是同案犯。

③有的当事人称赞所有的审判员。

④有期徒刑是介于拘役和无期徒刑之间的一种刑罚。

①陈述了“某甲的罪行”和“某乙的罪行”之间具有“重于”关系，②陈述了“张某”和“李某”之间有“同案犯”关系，③陈述了“有的当事人”与“所有的审判员”之间有“称赞”关系，④陈述了“有期徒刑”“拘役”和“无期徒刑”之间有“介于……之间”的关系。

关系命题属于简单命题，其内部不包含支命题。

4.1.2　关系命题的结构

关系命题结构由三部分组成：关系者项、关系项和量词。

关系者项是表示被陈述的关系的承担者的词项，也就是关系命题的主项。如上述①中的“某甲的罪行”和“某乙的罪行”，②中的“张某”和“李某”，③中的“当事人”和“审判员”，④中的“有期徒刑”

"拘役"和"无期徒刑"。关系命题和性质命题不同，它所陈述的是对象之间的关系，而任何关系总是存在于两个或几个对象之间，即关系的承担者总有两个或两个以上。这样，关系命题的主项即关系者项就可以有两个、三个，也可以更多。有两个主项的，在前的称关系者前项，在后的称关系者后项；如果主项较多，可分别称之为第一关系者项、第二关系者项、第三关系者项……

关系项是表示关系者项之间具有的关系的词项，也就是关系命题的谓项。如上述①中的"重于"、②中的"同案犯"、③中的"称赞"、④中的"介于……之间"。存在于两个对象之间的关系称为两项关系，存在于三个对象之间的关系叫三项关系，依次类推。

量词是表示关系者数量情况的语词，每个关系者项的前面都应当有量词，但如果关系者项是单独词项，就不需要使用量词。如上述①、②中的关系者项都是单独词项，都没有加量词；③中的"有的""所有"是量词；④由于量词都是全称量词，所以都被省略了。

如果用 R 表示关系项，用 a、b 表示关系者项，当关系者项为单独概念时，具有两个关系者项的关系命题的形式可表示为：

aRb 或 R(ab)

关系者项(a,b,c…)：主项，一定关系的承担者，两个以上。

关系项(R)：谓项，主项之间的关系。

量项(所有，有些)：关系者项的数量。

4.2 关系的对称性及推理

关系的对称性是指在特定论域中，当对象 a 与对象 b 之间具有 R 关系时，对象 b 与对象 a 是否也具有 R 关系的问题。也就是说，当 aRb 真时，bRa 是否也真的问题。

当 a 与 b 有关系 R 时，b 与 a 也有关系 R，则 a 与 b 之间就是对称性关系。在特定论域中，当 aRb 真时，bRa 必真，在这种情况下，关系 R 就是对称关系。

例如,“同案犯”关系就是对称关系,因为如果甲与乙是同案犯,那么,乙与甲也必定是同案犯。前面讲过的词项之间的“全同”“交叉”和“全异”关系,两个命题之间的“反对”“下反对”和“矛盾”关系都是对称关系。其他如“等于”“同学”“邻居”“配偶”“兄弟”等,也都是这种对称关系。

当 a 与 b 有关系 R 时,b 与 a 没有关系 R,则 a 与 b 之间就是反对称性关系。在特定论域中,当 aRb 真时,bRa 必假,在这种情况下,关系 R 就是反对称关系。

例如,“重于”关系就是反对称关系,因为如果甲的罪行重于乙的罪行,那么,乙的罪行一定不重于甲的罪行。两个词项之间的“真包含于”和“真包含”关系也是反对称关系。其他如“多于”“早于”“大于”“以南”“之上”“剥削”等,也都是反对称关系。

当 a 与 b 有关系 R 时,b 与 a 不一定有关系 R,则 a 与 b 之间就是非对称性关系。在特定论域中,当 aRb 真时,bRa 可能真,也可能假,在这种情况下,关系 R 就是非对称关系。

例如,“称赞”关系就是非对称关系,因为,如果甲称赞乙,则乙可能称赞甲,也可能不称赞甲。其他如“信任”“尊敬”“认识”“批评”等,也都是非对称关系。

4.2.1 对称关系推理

对称关系推理就是依据对称关系的逻辑性质进行推演的关系推理。例如:

①被告甲和被告乙是共同犯罪,

所以,被告乙和被告甲是共同犯罪。

②某甲和某乙在同一个单位工作,

所以,某乙和某甲在同一个单位工作。

上例中,“共同犯罪”“同一个单位”关系均是对称关系,这是上面推理成立的依据。

对称关系推理的形式可表示为：aRb→bRa。

4.2.2 反对称性关系推理

反对称关系推理就是依据反对称关系的逻辑性质进行推演的关系推理。例如：

①未成年人的父母是未成年人的监护人，

所以，未成年人不是其父母的监护人。

②甲方案优于乙方案，

所以，乙方案不优于甲方案。

上例中，"监护人""优于"关系均为反对称关系，这是上面推理成立的依据。

反对称关系推理的形式可表示：aRb→b ¬ Ra。

4.3 关系的传递性及推理

关系的传递性是指在特定论域中，当对象 a 与对象 b 之间具有 R 关系，并且对象 b 与对象 c 之间也具有 R 关系时，对象 a 与对象 c 是否也具有 R 关系的问题。也就是说，当 aRb 真并且 bRc 真时，aRc 是否也真的问题。

当 a 与 b 有关系 R 时，且 b 与 c 也有关系 R，则 a 与 c 之间有关系 R，这就是传递性关系。

在特定论域中，当 aRb 真并且 bRc 真时，aRc 必真，在这种情况下，关系 R 就是传递关系。

例如，"重于"就是传递关系，因为如果甲的罪行重于乙的罪行，并且乙的罪行重于丙的罪行，那么甲的罪行必定重于丙的罪行。

两个词项间的"全同""真包含于"和"真包含"关系也是传递关系。其他如"大于""高于""在前""年长于""早于""以东"等都是传递关系。

当a与b有关系R时，且b与c也有关系R，则a与c之间没有关系R，这就是反传递性关系。

在特定论域内，当aRb真并且bRc真时，aRc必假，在这种情况下，关系R就是反传递关系。

例如，“父子”关系就是反传递关系，因为如果甲与乙是父子并且乙与丙是父子，那么甲与丙就一定不是父子。两个命题之间的矛盾关系也是一种反传递关系。其他如“母女”“叔侄”“甥舅”“年长两岁”等，都是反传递关系。

当a与b有关系R时，且b与c也有关系R，则a与c之间不一定有关系R，这就是非传递性关系。

在特定论域中，当aRb真并且bRc真时，aRc可能真也可能假，在这种情况下，关系R就是非传递关系。

例如，“认识”关系就是非传递关系，因为如果甲认识乙并且乙认识丙，那么甲可能认识丙也可能不认识丙。两个词项之间的“交叉”“全异”关系也是非传递关系。其他如“信任”“喜欢”“帮助”“表扬”“相邻”等，都是非传递关系。

4.3.1 传递关系推理

传递关系推理就是依据传递关系的逻辑性质进行推演的关系推理。例如：

①甲早于乙到达法庭，
乙早于丙到达法庭，
所以，甲早于丙到达法庭。

②甲和乙的血型相同，
乙和丙的血型相同，
所以，甲和丙的血型相同。

上例中，“早于”“相同”关系均为传递关系，这是上面推理成立的依据。

传递关系推理的形式可表示为：

$$(aRb) \wedge (bRc) \rightarrow aRc$$

4.3.2 反传递关系推理

反传递关系推理就是依据反传递关系的逻辑性质进行推演的推理。例如：

①老张是大张的父亲，
大张是小张的父亲，
所以，老张不是小张的父亲。

②甲犯比乙犯的刑期多两年，
乙犯比丙犯的刑期多两年，
所以，甲犯的刑期决不比乙犯的刑期多两年。

上例中，“……是……父亲”“多两年”关系均为反传递关系，这是上面推理成立的依据。

反传递关系推理的形式可表示为：

$$(aRb) \wedge (bRc) \rightarrow a \neg Rc$$

说明关系的传递性，需要涉及三个对象，但是，传递性是两项关系的性质，不是三项关系的性质。

凡是两项关系，都可以既从对称性方面又从传递性方面分析其性质。例如，两个词项间的交叉关系和真包含关系，若从对称性方面看，前者是对称的，后者是反对称的；若从传递性方面看，前者是非传递的，后者是传递的。

4.4 混合关系推理

混合关系推理就是第一个前提是关系命题，第二个前提是直言命题，结论是关系命题的推理。例如：

①致人死亡的伤害罪重于一般伤害罪，
某甲所犯的罪是致人死亡的伤害罪，

所以,某甲的犯罪重于一般伤害罪。

这就是一个混合关系推理,其推理形式为:

所有 a 与所有 b 有 R 关系
c 是 a
————————————
所以,c 与 b 有 R 关系

在混合关系推理中,有两个前提和一个结论;在前提和结论中共有三个不同的词项,其中有一个词项在前提中出现两次,被称为媒介项。这些,都与直言三段论相类似。因此,混合关系推理又叫作关系三段论。

混合关系推理有以下几条规则:

(1) 媒介项至少要周延一次。

(2) 前提中不周延的项,在结论中也不得周延。

(3) 前提中的直言命题必须是肯定命题。

(4) 如果前提中的关系命题是肯定的,则结论中的关系命题也应是肯定的;如果前提中的关系命题是否定的,则结论中的关系命题也应是否定的。

(5) 除对称关系外,在前提中作为关系者前项(或后项)的项,在结论中也应相应地作为关系者前项(或后项)。

凡遵守上述 5 条规则的混合关系推理都是有效的,而违反其中任何一条规则的混合关系推理,都是无效的。

前面例①为有效的混合关系推理,下面三例都是无效的。

②我们反对贪污受贿行为,
用公款请客送礼不是贪污受贿行为,
所以,我们不反对用公款请客送礼。

这个混合关系推理的形式为:

所有 a 与所有 b 有 R 关系
所有 c 不是 b
————————————
所以,所有 a 与所有 c 不具有 R 关系这个混合关系推理违反了上述规则(3)和规则(4),是无效的。

③有人批评有些办案人员,

老张是办案人员,

所以,有人批评老张。

这个混合关系推理的形式为:

有些 a 与有些 b 有 R 关系

c 是 b

所以,有些 a 与有些 b 有 R 关系

这个混合关系推理违反了上述规则(1),是无效的。

④我们反对一切侵略战争,

一切侵略战争是战争,

所以,我们反对一切战争。

这个混合关系推理的形式为:

所有 a 与所有 b 有 R 关系

所有 b 是 c

所以,所有 a 与所有 c 有 R 关系

这个混合关系推理违反了上述规则(2),是无效的。

4.5 模态命题

所谓模态命题,广义上是指包括一切模态词的命题。也就是说,它包括模态命题和规范命题。狭义上指包括“必然”和“可能”这类模态词的命题。我们通常意义上讲的模态命题是指狭义上的理解。所以,模态命题可以这样定义:模态命题就是陈述事物情况的必然性或可能性的命题。例如:

①凶手必然有作案时间。

②合法行为必然不会受到法律制裁。

③某甲的代理行为可能是无权代理。

④某甲可能不是原告的法定代理人。

⑤他的行为可能是无因管理,也可能是不当得利。

⑥故意杀人或故意伤害致人毙命必然会受到法律的严惩。

表达模态命题必须有模态词,模态命题都含有“必然”或“可能”等模态词。模态词有时在命题联结项之前,有时在主项之前,有时在谓项之后。这主要根据表达内容和表达习惯来定。如例①还可以表述为:“必然凶手有作案时间”,或者“凶手有作案时间,这是必然的”。又如例④还可以表述为:“可能某甲不是原告的法定代理人”,或者“某甲不是原告的法定代理人是可能的”。一般来说,在分析模态命题的形式时,将模态词放在命题变项 P、Q……的前面。在模态逻辑中,用符号“□”或“L”表示“必然”,用符号“◇”或“M”表示“可能”。本书采用“□”表示“必然”,“◇”表示“可能”。

模态命题可以是简单命题,也可以是复合命题。上面例⑤、例⑥就是两个复合的模态命题。由于复合模态命题是以简单的模态命题为基础的,所以主要讨论简单的模态命题及其推理。

4.6　模态命题种类

根据命题所陈述的是事物的可能性还是事物的必然性,我们可以把模态命题分为可能命题、必然命题。

4.6.1　可能命题

可能命题就是陈述事物情况的可能性的命题。可能命题又分为可能肯定命题和可能否定命题。例如:

①某甲可能是精神病人。

②或许某甲是无辜的。

③某甲可能不是案犯。

④被告人的辩解可能不是对的。

例①、例②是可能肯定命题，它是反映事物情况可能存在的命题。可能肯定命题可用公式表示为“S 可能是 P”或“S 是 P 是可能的”，用符号表示为“◇P”。

例③、例④是可能否定命题，它是反映事物情况可能不存在的命题。可能否定命题可用公式表示为“S 可能不是 P”或“S 不是 P 是可能的”，用符号表示为“◇¬P”。

4.6.2 必然命题

必然命题就是陈述事物情况的必然性的命题。必然命题又可分为必然肯定命题和必然否定命题。例如：

①客观事物必然发展变化。

②法律必然有阶级性。

③社会主义革命的胜利必然不以人的意志为转移。

④无效合同必然不受法律保护。

例①、例②是必然肯定命题。必然肯定命题是反映事物情况必然存在的命题。它可以用公式表示为“S 必然是 P”或“S 是 P 是必然的”，用符号表示为“□P”。

例③、例④是必然否定命题。必然否定命题是反映事物情况必然不存在的命题。它可以用公式表示为“□¬P”。

4.7 模态命题的真假

模态命题也有真假，不过它跟命题逻辑中讲的命题的真假是不同的。在命题逻辑中，命题的真假可以用真值表来刻画，而模态命题由于有模态词，所以不能用真值表来表示其真假。模态命题中引进了“可能世界”来确定其真假。所谓“可能世界”，是指能够为人们合乎逻辑地设想出来的各种场合。现实世界只是许许多多可能世界中的一个可能世界。

“可能世界”是由莱布尼茨首先提出的。按照莱布尼茨的观点，根据命题P在每个可能世界中的真假就可以确定模态命题“必然P”和“可能P”的真假：

当P在所有可能世界里都真时，“必然P”就是真的，否则就是假的。

当P在所有可能世界里都假时，“必然¬P”就是真的，否则就是假的。

当P至少在一个可能世界里为真时，“可能P”就是真的，否则就是假的。

当P至少在一个可能世界里为假时，“可能¬P”就是真的，否则就是假的。

各种模态命题的真假情况可列表如下：

A B C	P在所有可能世界里为真	P在所有可能世界里可真可假	P在所有可能世界里为假
□P	+	−	−
□¬P	−	−	+
◇P	+	+	−
◇¬P	−	+	+

(〔注〕A:P在可能世界里的真假　B:模态命题的真假　C:模态命题的种类)

例如，命题“事物是发展变化的”在所有可能世界里为真，所以“事物必然是发展变化的”和“事物可能是发展变化的”为真，而“事物必然不是发展变化的”和“事物可能不是发展变化的”为假。

又如，命题“张三和王五签订的合同是有效的”在所有可能世界里可真可假，所以“张三和王五签订的合同必然是有效的”和“张三和王五签订的合同必然不是有效的”为假，而“张三和王五签订的合同可能是有效的”和“张三和王五签订的合同可能不是有效的”是真的。

再如,命题"资产阶级的法是永存的"在所有可能世界里为假,所以"资产阶级的法必然不是永存的"和"资产阶级的法可能不是永存的"为真,而"资产阶级的法必然是永存的"和"资产阶级的法可能是永存的"为假。

4.8 模态推理

模态推理就是前提或结论中有模态命题的推理。模态推理主要有以下三种。

4.8.1 模态对当推理

模态对当推理就是根据模态对当关系进行的推理。模态对当关系就是同素材的□P、□¬P、◇P、◇¬P四种模态命题之间的真假关系。

模态对当关系可用逻辑方阵图表示如下:

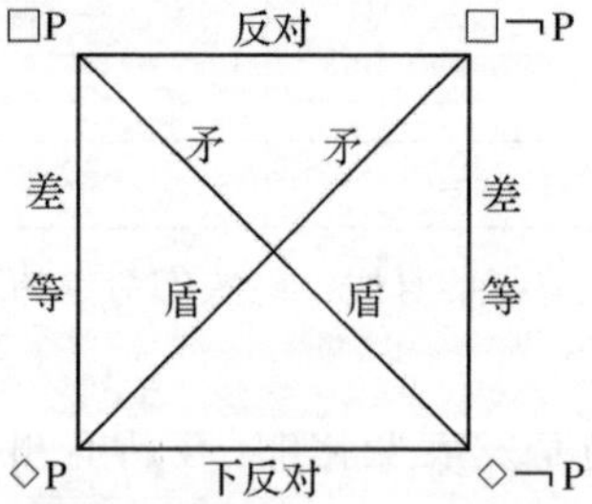

从这一方阵图可以看出,四种模态命题之间共有四种关系,因此也就有四种模态对当推理。下面分别说明。

1. 矛盾关系对当推理

矛盾关系对当推理是指利用模态命题间的矛盾关系进行的推理。矛盾关系是指□P和◇¬P、□¬P和◇P之间的真假关系。

(1) □P和◇¬P之间的真假关系

当□P为真时，P在所有可能世界里为真，所以，◇¬P为假。

当◇¬P为假时，P在所有可能世界里为真，所以，□P为真。

当□P为假时，P至少在一个可能世界里为假，所以，◇¬P为真。

当◇¬P为真时，P至少在一个可能世界里为假，所以，□P为假。

可见，□P和◇¬P之间，既不可同真，也不可同假。所以，它们之间是矛盾关系。

□P和◇¬P之间的真假关系可用等值式表示为：

$$\Box P \leftrightarrow \neg \Diamond \neg P$$

$$\neg \Box P \leftrightarrow \Diamond \neg P$$

根据这种真假关系进行的推理就是矛盾关系对当推理。例如：

①客观事物必然发展变化，

所以，客观事物不可能不发展变化。

②某甲的代理权不必然有效，

所以，某甲的代理权可能不有效。

(2) □¬P和◇P之间的真假关系

当□¬P为真时，P在所有可能世界里为假，所以，◇P为假。

当◇P为假时，P在所有可能世界里为假，所以，□¬P为真。

当□¬P为假时，P至少在一个可能世界里为真，所以，◇P为真。

当◇P为真时，P至少在一个可能世界里为真，所以，□¬P为假。

可见，□¬P和◇P之间也既不同真，又不同假，具有矛盾关系。

□¬P和◇P之间的真假关系可用等值式表示为：

$$\Box \neg P \leftrightarrow \neg \Diamond P$$

$$\neg \Box \neg P \leftrightarrow \Diamond P$$

可见，根据这种真假关系也可进行矛盾关系对当推理。例如：

③某甲必然不是诉讼当事人，

所以，某甲不可能是诉讼当事人。

④某甲可能是这个案件的作案人，

所以，某甲不必然不是这个案件的作案人。

总之，根据模态命题的矛盾关系，可以由其中一个命题为真推知另一命题为假，也可由其中一个命题为假推知另一命题为真。

2. 差等关系对当推理

差等关系对当推理是指利用模态命题间的差等关系进行的推理。差等关系是指□P 和◇P、□¬P 和◇¬P 之间的真假关系。

(1) □P 与◇P 之间的真假关系

当□P 为真时，P 在所有可能世界里为真，所以，◇P 为真。

当◇P 为假时，P 在所有可能世界里为假，所以，□P 为假。

当□P 为假时，P 至少在一个可能世界里为假，所以，◇P 可真可假。

当◇P 为真时，P 至少在一个可能世界里为真，所以，□P 可真可假。

可见，□P 同◇P 之间所具有的真假关系是：□P 为真，◇P 必真；◇P 为假，□P 必假；□P 为假，◇P 可真可假；◇P 为真，□P 可真可假。所以，它们之间是差等关系。

□P 和◇P 之间的真假关系可用蕴涵式表示为：

$$\Box P \to \Diamond P$$

$$\neg \Diamond P \to \neg \Box P$$

根据这种真假关系进行的推理就是差等关系对当推理。例如：

⑤法必然反映统治阶级的意志，

所以，法可能反映统治阶级的意志。

⑥某甲不可能有作案时间，

所以，某甲不必然有作案时间。

(2) □¬P 和◇¬P 之间的真假关系

当□¬P 为真时，P 在所有可能世界里为假，所以，◇¬P 为真。

当◇¬P 为假时，P 在所有可能世界里为真，所以，□¬P 为假。

当□¬P为假时，P至少在一个可能世界里为真，所以，◇¬P可真可假。

当◇¬P为真时，P至少在一个可能世界里为假，所以，□¬P可真可假。

可见，□¬P和◇¬P之间也存在着差等关系。

□¬P和◇¬P之间的真假关系可用蕴涵式表示为：

$$\Box \neg P \rightarrow \Diamond \neg P$$

$$\neg \Diamond \neg P \rightarrow \neg \Box \neg P$$

根据这种真假关系也可以进行差等关系对当推理。例如：

⑦奴隶制法必然不会维护劳动人民的利益，

所以，奴隶制法可能不会维护劳动人民的利益。

⑧在大量的事实面前，原告不可能不胜诉，

所以，原告不必然不胜诉。

总之，根据模态命题间的差等关系，可以由必然命题为真推知可能命题为真，由可能命题为假推知必然命题为假。但是，不能由必然命题为假推知可能命题的真假，也不能由可能命题为真推知必然命题的真假。

3. 反对关系对当推理

反对关系对当推理就是根据模态命题之间的反对关系进行的推理。反对关系就是指□P和□¬P之间的真假关系。这种真假关系为：

当□P为真时，P在所有可能世界里为假，所以，□¬P为假。

当□¬P为真时，P在所有可能世界里为假，所以，□P为假。

当□P为假时，P至少在一个可能世界里为假，所以，□¬P可真可假。

当□¬P为假时，P至少在一个可能世界里为真，所以，□P可真可假。

可见，□P同□¬P之间不可同真，但可同假。因此，它们之间是反对关系。

□P 和□¬P 之间的真假关系可用蕴涵式表示为：

$$\Box P \rightarrow \neg \Box \neg P$$

$$\Box \neg P \rightarrow \neg \Box P$$

根据这种真假关系进行的推理就是反对关系对当推理。例如：

⑨某甲必然是这个案件的作案人，

所以，并非某甲必然不是这个案件的作案人。

⑩公正的法官必然不会徇私枉法，

所以，并非公正的法官必然会徇私枉法。

根据模态命题间的反对关系，可以由其中一个命题为真推知另一个命题为假，但不能由其中一个命题为假推知另一个命题的真假。

4. 下反对关系对当推理

下反对关系对当推理就是根据模态命题的下反对关系进行的推理。下反对关系是指◇P 和◇¬P 之间的真假关系。

当◇P 为假时，P 在所有可能世界里为假，所以，◇¬P 为真。

当◇¬P 为假时，P 在所有可能世界里为真，所以，◇P 为真。

当◇P 为真时，P 至少在一个可能世界里为真，所以，◇P 可真可假。

当◇¬P 为真时，P 至少在一个可能世界里为假，所以，◇P 可真可假。

可见，◇P 同◇¬P 之间不可同假，但可同真。所以，它们之间是下反对关系。

◇P 和◇¬P 之间的真假关系可用蕴涵式表示为：

$$\neg \Diamond P \rightarrow \Diamond \neg P$$

$$\neg \Diamond \neg P \rightarrow \Diamond P$$

根据这种真假关系进行的推理就是下反对关系对当推理。例如：

⑪某甲不可能作伪证，

所以，某甲可能不会作伪证。

⑫社会主义的法不可能没有阶级性，

所以,社会主义的法可能有阶级性。

根据模态命题间的下反对关系,可以由其中一个命题为假推知另一个命题为真,但不能由其中一个命题为真推知另一个命题的真假。

4.8.2 模态与非模态命题推理

模态与非模态命题推理就是根据模态命题与非模态命题之间的真假关系进行的演绎推理。例如:

①某甲是限制行为能力人,

所以,某甲可能是限制行为能力人。

②法律必然是统治阶级意志的体现,

所以,法律是统治阶级意志的体现。

③某甲不是凶手,

所以,某甲可能不是凶手。

④本案必然不会是一人所为,

所以,本案不会是一人所为。

我们这里讲的“必然”“可能”,是指客观的必然性和可能性。凡是客观必然的东西,总是现实的东西;凡是现实的东西,都是客观可能的东西。模态命题和非模态命题之间的真假关系表示如下:

$$\Box P \rightarrow P$$

$$P \rightarrow \Diamond P$$

从非模态命题的真假来说,P真是指P在现实世界里为真,而现实世界是许多可能世界之一。因此,当□P为真时,即P在所有可能世界里都真时,则P在现实世界里为真,即P为真。而当P为真时,即P在现实世界里为真时,则P至少在一个可能世界里为真,即◇P为真。所以,我们可以由□P为真推知P为真,由P为真推知◇P为真。但是,当P为真时,只能说P在现实世界即一个可能世界里为真,而不能保证P在所有可能世界里都为真;当◇P为真时,即P至少在一个可能世界里为真,但不能保证这一个可能世界就是现实世界。因此,我们不能由 P 为真推知□P 为真,也不能由◇P 为真推出 P 为真。对于□¬ P、¬ P 和◇¬ P 之间的真假关系也可作同样的分析。

4.8.3 模态三段论

模态三段论是前提中有模态命题的三段论,也可以说是在三段论的基础上引入模态词而构成的演绎推理。在传统逻辑中,模态三段论比较复杂,这里仅介绍其中的五种。

1. 必然模态三段论

必然模态三段论是指两个前提都是必然模态命题的三段论。以第一格的 AAA 式为例,其推理形式为:

所有 M 必然是 P
所有 S 必然是 M
所以,所有 S 必然是 P

例如:

①所有的法必然是统治阶级意志的体现,
刑法必然是法,
所以,刑法必然是统治阶级意志的体现。

2. 必然和直言结合的模态三段论

必然和直言结合的模态三段论是指一个前提是必然命题,一个前提是直言命题的模态三段论。这种模态三段论的推理形式有两种:

其一为:

所有 M 必然是 P
所有 S 是 M
所以,所有 S 必然是 P

其二为:

所有M是P
所有S必然是M
所以,所有S必然是P

例如:

②一切违背法律的行为必然受到惩罚,
故意杀人是违背法律的行为,
所以,故意杀人必然受到法律的惩罚。

③凡故意杀人犯都有杀人动机,
某甲必然是故意杀人,
所以,某甲有杀人动机。

这里我们应注意,②中大前提是必然命题,小前提是直言命题,结论则是必然命题。③中大前提是直言命题,小前提是必然命题,则结论是直言命题。

3. 必然和可能相结合的模态三段论

必然和可能相结合的模态三段论是指一个前提是必然命题,一个前提是可能命题的模态三段论。以第一格的AAA式为例,其推理形式为:

所有M必然是P
所有S可能是M
所以,所有S可能是P

例如:

④凡作案人必然有作案时间,
某甲可能是作案人,
所以,某甲可能有作案时间。

4. 可能和直言结合的模态三段论

可能和直言结合的模态三段论是指一个前提是可能命题,一个前提是直言命题的模态三段论。其推理形式为:

所有 M 可能是 P
所有 S 是 M
所以,所有 S 可能是 P

例如:

⑤凡是某甲的近亲属都可能是某甲的监护人,
某乙是某甲的近亲属,
所以,某乙可能是某甲的监护人。

5. 可能模态三段论

可能模态三段论是指两个前提都是可能命题的模态三段论。以第一格的 AAA 式为例,其推理形式为:

所有 M 可能是 P
所有 S 可能是 M
所以,所有 S 可能是 P

例如:

⑥证人心情紧张可能导致作伪证,
压力太大可能使证人心情紧张,
所以,压力太大可能导致证人作伪证。

模态三段论除了要遵守三段论的规则,还要根据前提的模态确定结论的模态。概括起来,模态三段论应遵守以下规则方能保证是有效式:

(1) 必须遵守三段论的一切规则。

(2) 如果两个前提都是必然命题,则结论可以是必然命题。

(3) 如果前提中有一个可能命题,或两个前提都是可能命题,则结论只能是可能命题。

(4) 如果一个前提是必然命题,一个前提是直言命题,一般情况下,结论只能是直言命题或可能命题;但当小前提是肯定命题而大前提是必然命题,或者小前提是必然否定命题时,结论可以是必然命题。

批判性思维案例分析

[例1] 甲和乙任何一人都比丙、丁高。

如果上述为真,再加上以下哪项,则可得出“戊比丁高”的结论?

A. 乙比甲高　　B. 乙比甲矮

C. 戊比丙高　　D. 戊比乙高

【解析】 由题干可以知道,甲比丙高、甲比丁高、乙比丙高、乙比丁高,如果要推出“戊比丁高”的结论,需要增加“戊比甲高”或“戊比乙高”作为前提。显然,选项D“戊比乙高”正好可以与题干中的“乙比丁高”进行传递关系推理,从而得出结论“戊比丁高”。所以,正确答案是D。

[例2] 某学术会议正举行分组会议。某一组有八个人出席。分组会议主席问大家原来各自认识与否,结果全组中仅有一人认识小组中的三个人,有三个人认识小组中的两个人,有四个人认识小组中的一个人。

若以上统计属实,则最能得出以下哪项结论?

A. 会议主席认识小组中的人最多,其他的人相互认识的少。

B. 此类学术会议是第一次举行,大家都是生面孔。

C. 有些成员所说的认识可能仅是电视上或报告会上见过而已。

D. 虽然会议成员原来的熟人不多,但原来认识的都是至交。

E. 通过这次会议小组成员都相互认识了,以后见面就能直呼其名了。

【解析】 答案是C。由题干可知,任一与会者只可能是以下三种情况之一:只认识三个人、只认识两个人或只认识一个人。由此可知:统计中所说的“认识”是不对称的,至少有些人不是相互认识,而只是单向认识,即一个人认识另一个人,后者却不认识前者。选项C断定的正是有些与会者不是相互认识,而只是单向认识。从题干中得不出选项A、B、D;选项E也不一定成立,因为假设会议只有一两天,有人又不爱发言,以后见面仍可能不能直呼其名。

[例3] 丈夫或妻子至少一个是中国人的夫妻中,中国女性比中国男性多两万。如果上述断定为真,则以下哪项一定真?

(1) 恰有两万中国女性嫁给了外国人。

(2) 在与中国人结婚的外国人中,男性多于女性。

(3) 在与中国人结婚的人中,男性多于女性。

A. 只有(1)　　B. 只有(2)

C. 只有(3)　　D. 只有(2)和(3)

E. (1)、(2)和(3)

【解析】 答案是D。与中国人结婚的人,包括中国人和外国人两部分。与中国人结婚的中国人中男性和女样一样多。由条件可知,与中国人结婚的人中,中国女性比中国男性多两万,这说明:与中国人结婚的外国人中,男性多于女性,(2)成立。与中国人结婚的人,包括中国人和外国人两部分。现在:与中国人结婚的中国人中,男性和女性一样多;与中国人结婚的外国人中,男性多于女性。由此可推出:在与中国人结婚的人中,男性多于女性,(3)成立。

[例4] 有四个外表看起来没有分别的小球,它们的重量可能不同。取一个天平,将甲、乙归为一组,丙、丁归为另一组,分别放在天平两边,天平是基本平衡的。将乙、丁对调一下,甲、丁一边明显要比乙、丙一边重得多。可奇怪的是,我们在天平一边放上甲、丙,而另一边刚放上乙,没有来得及放上丁时,天平就压向了乙一边。

请判断,这四个球由重到轻的顺序是什么?

A. 丁、乙、甲、丙　　B. 丁、乙、丙、甲

C. 乙、丙、丁、甲　　D. 乙、甲、丁、丙

E. 乙、丁、甲、丙

【解析】 答案是A。从题干可以得到三个关系命题:甲 + 乙 = 丙 + 丁,甲 + 丁 > 丙 + 乙,乙 > 甲 + 丙。由甲 + 乙 = 丙 + 丁和甲 + 丁 > 丙 + 乙,可以得到丁 > 乙;由甲 + 乙 = 丙 + 丁和新推出的丁 > 乙又可以得到甲 > 丙,再加上乙 > 甲 + 丙,就可排出它们四者之间由重到

轻的顺序：丁、乙、甲、丙。

[**例5**]　不必然任何经济发展都会导致生态恶化，但不可能有不阻碍经济发展的生态恶化。

以下哪项最为准确地表达了题干的含义？

A. 任何经济发展都不必然导致生态恶化，但任何生态恶化都必然阻碍经济发展。

B. 有的经济发展可能导致生态恶化，而任何生态恶化都可能阻碍经济发展。

C. 有的经济发展可能不导致生态恶化，但任何生态恶化都可能阻碍经济发展。

D. 有的经济发展可能不导致生态恶化，但任何生态恶化都必然阻碍经济发展。

【解析】　答案是D。"不必然任何经济发展都会导致生态恶化"，等值于"有的经济发展可能不导致生态恶化"；"不可能有不阻碍经济发展的生态恶化"，等值于"任何生态恶化都必然阻碍经济发展"。因此，答案是D。

[**例6**]　没有人爱每一个人；牛郎爱织女；织女爱每一个爱牛郎的人。

如果以上陈述为真，下列哪项不可能为真？

(1) 每一个人都爱牛郎。

(2) 每一个人都爱一些人。

(3) 织女不爱牛郎。

A. 仅(1)　　B. 仅(2)

C. 仅(3)　　D. 仅(1)和(2)

【解析】　首先，令(1)为真，即"每一个人都爱牛郎"为真，又根据题干中"织女爱每一个爱牛郎的人"为真，可以推出"织女爱每一个人"。此结论与题干中的另一个命题"没有人爱每一个人"相矛盾，所以，(1)不可能为真。(2)可能为真，因为题中干只是说"没有人爱每一个人"，并没有说"没有人爱一些人"。(3)可能为真，因为题干中说"牛郎爱织女"，"爱"是非对称的，所以织女可能爱牛郎也可能不爱牛郎；因此，说"织女不爱牛郎"也是可能真的。所以，正确答案是 A。

［例 7］ 不可能所有的错误都能避免。

如果上述断定为真，则以下哪项必定为真？

A. 可能所有的错误都不能避免。

B. 可能有的错误不能避免。

C. 必然所有的错误都不能避免。

D. 必然有的错误不能避免。

【解析】 答案是 D。根据直言模态对当关系推理公式：¬◇SAP→□SOP，可得正确选项为 D。具体推导过程如下：不可能所有的错误都能避免→必然不是所有的错误都能避免→必然有的错误不能避免。需要注意的是，选项 A 虽然可以从题干中推出来，但不是在含义上与题干最接近的。所以，正确答案是 D。

［例 8］ 某次认知能力测试，刘强得了 118 分，蒋明的得分比王丽高，张华和刘强得分之和大于蒋明和王丽的得分之和，刘强的得分比周梅高；此次测试 120 分以上为优秀，五人之中有两人没有达到优秀。

上述五人从高到低的得分排名情况是下列哪项？

A. 张华、王丽、周梅、蒋明、刘强

B. 张华、蒋明、王丽、刘强、周梅

C. 张华、蒋明、刘强、王丽、周梅

D. 蒋明、张华、王丽、刘强、周梅

E. 蒋明、王丽、张华、刘强、周梅

【解析】 2 人没有达到优秀，刘 > 周，所以刘、周 2 人不是优秀，刘排第四。因为张 + 刘 > 蒋 + 王，所以张排第一。蒋、王 2 人分列二、三，蒋 > 王，所以蒋排第二。答案 B。

［例 9］ 在 LH 公司，从董事长、总经理、总会计师到每个员工，没有人信任所有的人。董事长信任总经理。总会计师不信任董事

长。总经理信任所有信任董事长的人。

如果上述断定为真,则以下哪项不可能为真?

Ⅰ. 总经理不信任董事长。

Ⅱ. 总经理信任总会计师。

Ⅲ. 所有的人都信任董事长。

A. 只有Ⅰ　　B. 只有Ⅱ

C. 只有Ⅲ　　D. Ⅱ和Ⅲ

E. Ⅰ、Ⅱ和Ⅲ

【解析】 Ⅰ项可能为真。总经理信任所有信任董事长的人,但可能不信任董事长本人。Ⅱ项可能为真。总经理信任所有信任董事长的人,由此不能推出,总经理不信任所有不信任董事长的人。因此,总经理可能信任总会计师。Ⅲ项不可能为真,因为由题干可知,总会计师不信任董事长。答案C。

[例10] 在超市购物后,张林把七件商品放在超市的传送带上,肉松后面紧跟着蛋糕,酸奶后面接着放的是饼干,可口可乐汽水紧跟在水果汁后面,方便面后面紧跟着酸奶,肉松和饼干之间有两件商品,方便面和水果汁之间有两件商品,最后放上去的是一只蛋糕。

如果上述陈述为真,那么,以下哪项也为真?

Ⅰ. 水果汁在倒数第三位置上。

Ⅱ. 酸奶放在第二位置上。

Ⅲ. 可口可乐汽水放在中间。

A. 只有Ⅰ　　B. 只有Ⅱ

C. 只有Ⅲ　　D. 只有Ⅰ和Ⅱ

E. Ⅰ、Ⅱ和Ⅲ

【解析】 上述七件商品只有按以下排序,才符合题干所陈述的所有条件:方便面、酸奶、饼干、水果汁、可口可乐汽水、肉松、蛋糕。因此,只有Ⅱ项真。答案B。

[例11] 王园获得的奖金比梁振杰的高。得知魏国庆的奖金比苗晓琴的高后,可知王园的奖金也比苗晓琴的高。

以下各项均能推出题干结论,除哪项以外?

A. 魏国庆的奖金比王园的高。

B. 梁振杰的奖金比苗晓琴的高。

C. 梁振杰的奖金比魏国庆的高。

D. 梁振杰的奖金和魏国庆的一样。

E. 王园的奖金和魏国庆的一样。

【解析】 由题干可知,王园 > 梁振杰,魏国庆 > 苗晓琴,则王园 > 苗晓琴。可知 B、C、D、E 均能推出该结论。A 选项不能。答案 A。

批判性思维练习

1. 赵先生和钱先生的个子比孙先生高,李先生比孙先生矮,而周先生比孙先生高。问哪位先生个子最矮?

A. 钱先生　　B. 孙先生

C. 周先生　　D. 李先生

2. 与逻辑导论比较起来,陈文更喜欢外国文学;事实上他在所有的大学课程中,最喜欢经济学。而和逻辑导论比较起来,他更不喜欢体育。

以下除了哪项外,都能从题干中推出来?

A. 比起外国文学,陈文更喜欢经济学。

B. 比起逻辑导论,陈文更喜欢世界历史。

C. 比起外国文学,陈文更不喜欢体育。

D. 比起数学分析,陈文更喜欢经济学。

3. 甘蓝比菠菜更有营养。但是,因为绿芥蓝比莴苣更有营养,所以甘蓝比莴苣更有营养。

以下除了哪项外,都可以作为题干成立的一个必要前提?

A. 菠菜比莴苣更有营养。

B. 菠菜比绿芥蓝更有营养。

C. 绿芥蓝比甘蓝更有营养。

D. 菠菜与绿芥蓝同样有营养。

4. 不可能所有的花都结果。

以下哪项最接近于上述断定的含义?

A. 所有的花可能都不结果。

B. 有的花可能不结果。

C. 有的花必然结果。

D. 有的花必然不结果。

5. 据卫星提供的最新气象资料表明,原先预报的明年北方地区的持续干旱不一定出现。

以下哪项最接近于上文中最新气象资料所表明的含义?

A. 明年北方地区的持续干旱可能不出现。

B. 明年北方地区的持续干旱可能出现。

C. 明年北方地区的持续干旱一定不出现。

D. 明年北方地区的持续干旱出现的可能性比不出现的大。

6. 你可以随时愚弄某些人。

若以上属实,下列哪些判断必然为真?

(1) 张三和李四随时都可能被你愚弄。

(2) 你随时都想愚弄人。

(3) 你随时都可能愚弄人。

(4) 你只能在某些时候愚弄人。

(5) 你每时每刻都在愚弄人。

A. 只有(3)　　　　B. 只有(2)

C. 只有(1)和(3)　　　　D. 只有(2)、(3)和(4)

7. 世界上不可能有某种原则适用于所有不同的国度。

以下哪项与上述断定的含义最为接近?

A. 有某种原则可能不适用于世界上所有不同的国度。

B. 任何原则都可能有不适用的国度。

C. 任何原则都必然有它所适用的国度。

D. 任何原则都必然有它不适用的国度。

8. 去年 GCT 入学考试的四门课程中，王海天和李素云只有数学的成绩相同，其他科的成绩互有高低，但所有课程的分数都在 60 分以上。在录取时只能比较他们的总成绩了。

下列哪项如果为真，能够使你判断出王海天的总成绩高于李素云？

A. 王海天的最高分比李素云的最高分要高。

B. 王海天的最低分比李素云的最低分高。

C. 王海天的最低分比李素云的两门课每门的成绩高。

D. 王海天的最低分比李素云的平均成绩高。

9. 小王、小李、小张准备去爬山。天气预报说，今天可能下雨。围绕天气预报，三个人争论起来。

小王："今天可能下雨，那并不排斥今天也可能不下雨！我们还是去爬山吧。"

小李："今天可能下雨，那就表明今天要下雨，我们还是不去爬山了吧。"

小张："今天可能下雨，只是表明今天不下雨不具有必然性，去不去爬山由你们决定。"

对天气预报的理解，三个人中：

A. 小王和小张正确，小李不正确。

B. 小王正确，小李和小张不正确。

C. 小李正确，小王和小张不正确。

D. 小张正确，小王和小李不正确。

第5章　归纳推理与类比推理

前述各章所研究的推理都是演绎推理。演绎推理的前提蕴涵结论,从真前提必然能得出真结论。我们把研究演绎推理的逻辑叫作演绎逻辑。归纳逻辑所研究的推理是非演绎推理。非演绎推理的前提并不蕴涵结论,从真前提只能或然地得出真结论。非演绎推理包括归纳推理、求因果联系五法、类比推理、回溯推理等。由于非演绎推理的结论具有或然性,因而归纳逻辑不用"有效"或"无效"作为评价非演绎推理的标准,而是研究推理的前提对结论的支持程度,研究如何提高结论的可靠性程度,这就是或然性推理的逻辑性问题。

5.1　归纳推理的结构特征

按照传统逻辑的观点,凡是从个别知识的前提推出一般结论的推理,称之为归纳推理。例如:

狗是胎生的,

马是胎生的,

羊是胎生的,

虎是胎生的,

……

所以,哺乳动物都是胎生的。

这就是一个归纳推理。当人们将无数种哺乳动物考察完后,发现都是胎生的,就理所当然得出了"哺乳动物都是胎生的"的结论,但后来人们发现鸭嘴兽虽是哺乳动物，却不是胎生的。这一发现就推翻了上述结论。从这一例子可以看出，归纳推理的结论是或然的。

既然归纳推理的结论不可靠，那为什么人们还研究这种推理呢？因为人们通过归纳，可以使已有的知识扩大和推广，可以发现新的知识，而且演绎推理是离不开归纳推理的，在演绎推理中，表达一般知识的大前提是靠归纳得来的。当然，归纳推理也离不开演绎推理，归纳推理的结论有待于用演绎推理加以论证，或者要用演绎推理导出可供实践检验的命题，由实践来证实或证伪。总之，在认识现实的思维进程中，归纳推理和演绎推理都有着不可或缺的作用，二者互相联系、互相补充，正如恩格斯所言："归纳和演绎，正如分析和综合一样，是必然相互联系着的，不应当牺牲一个而把另一个捧到天上去，应当把每一个都用到该用的地方，而要做到这一点，就只有注意它们的相互联系，它们的相互补充。"

比如对法律工作者来说，运用归纳推理非常重要。例如：

某甲作案是有其动机、目的的，

某乙作案是有其动机、目的的，

某丙作案是有其动机、目的的。

……

所以，凡案犯作案都是有其动机、目的的。

这是一个归纳推理过程，因为其前提和结论之间的联系是或然的，所以结论是不可靠的。比如某丁是个精神病人，某丁作案就不一定有动机、目的。这一例子体现了归纳推理的特点。虽然它的结论是可错的，但这一结论毕竟给法律实践提供了一种办案的思路。

与演绎推理相比较，归纳推理有自己的特征，它们主要是：

第一，归纳推理的思维过程是从个别到一般。演绎推理的思维过程是从一般到个别，即从一般性的前提出发，推出特殊性的结论；而归纳推理的思维过程则是从一些个别性、特殊性的知识出发，概括出一般性的结论。

第二，归纳推理对前提的要求不同于演绎推理。演绎推理不要求前提必须真实,归纳推理则要求前提必须是真实的。

第三,归纳推理前提和结论之间没有必然联系。演绎推理的前提和结论之间存在着蕴涵关系、必然联系;而归纳推理的前提和结论之间则是诱导关系、或然联系。

第四,归纳推理的结论超出了前提的知识范围。演绎推理的结论是从前提中必然推导出来的,所以结论未超出前提的范围;而归纳推理不是从前提中必然推导出来的,所以结论有可能超出前提的范围。通过归纳,人们能大大地拓展知识的范围。

5.2 完全归纳推理

完全归纳推理是根据某类的每一个对象具有(或不具有)某种属性,推出一个关于某类的一般性知识的结论。从前提和结论之间的联系程度看,完全归纳推理是必然性推理,因此也可以看作是演绎推理的一种。但由于它是从个别知识的前提推出一般知识的结论,所以,把它放在归纳推理中来考察。例如:

①直角三角形的内角和是180°,
锐角三角形的内角和是180°,
钝角三角形的内角和是180°,
直角三角形、锐角三角形、钝角三角形是三角形的全部类型,
所以,三角形的内角和是180°。

②水星是球形天体,沿椭圆轨道绕太阳运行,
金星是球形天体,沿椭圆轨道绕太阳运行,
地球是球形天体,沿椭圆轨道绕太阳运行,
火星是球形天体,沿椭圆轨道绕太阳运行,
木星是球形天体,沿椭圆轨道绕太阳运行,
土星是球形天体,沿椭圆轨道绕太阳运行,
天王星是球形天体,沿椭圆轨道绕太阳运行,

海王星是球形天体,沿椭圆轨道绕太阳运行。

水星、金星、地球、火星、木星、土星、天王星、海王星是太阳系的全部大行星,

所以,太阳系中的大行星是球形天体,沿椭圆轨道绕太阳运行。

完全归纳推理的逻辑形式是:

S_1 是(或不是)P

S_2 是(或不是)P

S_3 是(或不是)P

……

S_n 是(或不是)P

$S_1, S_2, S_3, \ldots, S_n$ 是 S 类的全部对象

所以,所有的 S 都是(或都不是)P

完全归纳推理在前提中考察的是某类的全部对象,结论的知识范围没有超出前提的知识范围,因此,前提与结论的联系是必然的。应用完全归纳推理要获得正确的结论,必须遵循以下两点:

第一,前提中的每一个经验命题必须是真实可靠的。如果前提中有不真实的命题,那么就不能得出真实的一般性结论。第二,完全归纳推理必须毫无遗漏地考察到一类事物中的全部对象,否则得出的结论就不是必然的了。

完全归纳推理既是一种发现的方法,又是一种论证的方法。作为发现的方法,可以用下面的事例来说明。

德国著名数学家卡尔·弗里德里希·高斯在很小的时候就表现出非凡的数学天才。他十岁那一年,还是一个小学生,有一次上数学课,几十个顽皮的孩子不认真学习,老师就给他们出了一道能消磨时间的算术题,他要孩子们计算一下:

$$1+2+3+4+\cdots+97+98+99+100=?$$

老师想,要加的数目这么多,可得费些劲呀!而且稍不小心,答案就会弄错。但是,小高斯想了一会儿,就报出答案 5050。高斯是怎

样算出来的？高斯告诉大家，他发现1到100这100个数，有一个特点，那就是依次把头尾两个数加起来都等于101，即 $1+100=101$，$2+99=101$，$3+98=101$，…，$50+51=101$，在1到100中有50对101，因此，这一百个数的总和就是 $101\times50=5050$。高斯的解题方法就是对完全归纳推理的运用。

另外，人们还经常运用完全归纳推理去作论证。为了论证某一个一般性的结论，可以考察与此有关的一切对象，然后对这些对象一一确认。最后通过完全归纳推理，就可以证明这个一般性结论是真实的。例如，我们要论证三角形的内角和等于180°，就可以做出像例①那样的论证。

5.3　不完全归纳推理

完全归纳推理只有在研究对象确定而且数目有限时才可以采用，因而它的适用范围就受到了限制。当人们所要认识的事物包含的对象数量极大，或者数量无限时，就很难或根本无法使用完全归纳推理，这就需要运用不完全归纳推理。

不完全归纳推理就是根据某类事物的部分对象具有（或不具有）某种属性，从而得出一般性的结论。例如：

① $6=3+3$

$8=3+5$

$10=3+7=5+5$

$12=5+7$

$14=3+11=7+7$

……

6、8、10、12、14是大于4的偶数，

所以，所有大于4的偶数都可以写成两个素数之和。

② 硫酸（H_2SO_4）中含有氧元素，

硝酸(HNO_3)中含有氧元素,

碳酸(HCO_3)中含有氧元素,

……

硫酸、硝酸、碳酸等都是酸,

所以,一切酸中都含有氧元素。

例①是用不完全归纳推理提出的著名的哥德巴赫猜想。例②是法国化学家拉瓦锡所进行的不完全归纳推理。

不完全归纳推理的逻辑形式是:

S_1 是(或不是)P

S_2 是(或不是)P

S_3 是(或不是)P

……

S_n 是(或不是)P

$S_1, S_2, S_3, \cdots, S_n$ 是 S 类的部分对象

所以,所有的 S 都是(或不是)P

不完全归纳推理的前提真并不能保证结论必然真。因为人们所观察到的事物是有限的,而且单凭观察所得的结论是不能证明事物的必然性的。事实上,人们用不完全归纳推理得到的许多结论,如"哺乳动物都是胎生的""所有的天鹅都是白的""凡鱼都是用鳃呼吸的"等,后来都因为遇到相反的事例,被证明是错误的。

数学家华罗庚对不完全归纳推理的或然性作过通俗而形象的说明:"从一个袋子里摸出来的第一个是红玻璃球,第二个是红玻璃球,甚至第三个、第四个、第五个都是红玻璃球的时候,我们立刻会出现一种猜想:'是不是这个袋子里的东西全部都是红玻璃球?'但是,当我们有一次摸出一个白玻璃球的时候,这个猜想失败了。这时我们会出现另一种猜想:'是不是袋子里的东西都是玻璃球?'但是,当我们有一次摸出来的是一个木球的时候,这个猜想又失败了。那时,我们又会出现第三个猜想:'是不是袋子里的东西都是球?'这个猜想对

不对，还必须加以检验，要把袋子里的东西全部摸出来，才能见分晓。”

要提高不完全归纳推理结论的可靠性，应当注意的问题是：

第一，被考察的事物对象数量要尽可能多，范围要尽可能大。考察的对象愈多，考察的范围涉及各种各样的环境条件，漏掉相反情况的可能性就越小，结论的可靠程度也就越高。反之，如果考察的对象很少，范围不大，漏掉相反情况的可能性就越大，结论的可靠性就越低，就难免会犯“轻率概括”或“以偏概全”的逻辑错误。

第二，注意考察有无反面事例。进行不完全归纳推理时，只要出现一个反例，就不能得出结论。如果在一些可能出现相反情况的场合，注意了反例并且真的没有发现反例，那么就说明结论的可靠性程度较高。

第三，如果能够确定被考察的对象与某属性存在因果联系，则结论的可靠性程度就高。例如，当我们观察到铜受热之后体积膨胀，铝受热后体积膨胀，通过分析，认识到这些金属受热之后体积膨胀的原因在于：它们受热之后，分子之间的凝聚力减弱，相应地分子间的距离就会增大，从而导致体积膨胀。在上述观察及分析之后得出结论：所有金属受热后体积都会膨胀。这样的结论就比仅靠观察更多的金属受热情况而得出的结论可靠性高得多。在这种情况下，前提的数量不具重要作用。恩格斯说得好：十万部蒸汽机并不比一部蒸汽机能更多地证明热能转化为机械运动。

不完全归纳推理的结论只能有或然性，但它在人们的科学研究和实际工作中，仍然有着重要作用，它突破了完全归纳推理的局限性，其所得的结论可以提供假说。

5.4 类比推理

5.4.1 类比推理的概念

类比推理就是依据两个(或两类)对象之间存在着某些类似或相似的属性,并且已知其中一个(或一类)对象还有某种属性,从而推出另一个(或一类)对象具有某一相应的属性的推理。例如:

①鲁班是春秋时鲁国的巧匠。传说,他有一次承造一座大宫殿,需用很多木材,就叫徒弟上山去砍伐大树。当时还没有锯子,用斧子砍,一天砍不了多少棵树,木料供应不上,他很着急,就亲自上山看看。山非常陡,他在爬山的时候,一只手拉着丝茅草,一下子就把手指头拉破了,流出血来。鲁班非常惊奇,一根小草为什么会这样厉害?他摘下一棵丝茅草,带回家去研究。他发现丝茅草的两边有许多小细齿,这些小细齿非常锋利,用手指去扯,就划破了一个口子。这一下把鲁班提醒了。他想,如果像丝茅草那样,打成有齿的铁片,不就可以锯树了吗?于是,他就和铁匠一起试制了一条带齿的铁片,拿去锯树,果然成功了。有了锯子,木料供应问题就解决了。

②古时,浙江句章县有一个妇女谋害了丈夫后,怕官府追究,立即放火把房子烧了,然后哭着告诉别人,说房屋失火烧死了丈夫。死者之弟怀疑此事,告到县衙。当时句章县一位检验官名叫张举,他验尸后当众向这一妇人宣告:"你丈夫不是失火烧死的。凡烧死的人,死在火中,烟熏火烧,呛得喘不过气来,迫于呼吸,口中势必吸进一些灰尘,而你丈夫口中却一点灰也没有。"这个妇女不服。张举就叫人取来两头活猪,杀死其中的一头,然后将活猪和死猪同时放到柴堆里点着火烧。火灭后,取出两头烧焦的猪来检查,活猪烧死后,口中有灰,而死猪口中无灰。妇人不得不供认了谋杀亲夫的经过。

鲁班和张举都运用了类比推理。鲁班从丝茅草划伤手指是因为丝茅草边缘有许多小细齿,推想到:在铁片上制造许多小齿也许能割开树木。张举从猪与人在生理上有许多相同的情况出发,进行推论:既然活猪烧死后口中有灰尘,那么活人烧死后口中亦有灰尘;死猪烧后口中无灰尘,人死后被烧口中亦无灰尘,由此可见死者不是失火烧死的。

5.4.2　类比推理的形式

类比推理可以用公式表示如下:

$$\frac{\begin{array}{l}A\text{ 有属性 }a_1, a_2, \cdots, a_n, b\\ B\text{ 有属性 }a_1, a_2, \cdots, a_n\end{array}}{\text{所以,}B\text{ 也有属性 }b}$$

5.4.3　类比推理的特征

第一,类比推理的推理方向是由特殊到特殊。类比推理不同于演绎推理和归纳推理,演绎推理通常是由一般到特殊的推理,归纳推理则是由特殊到一般的推理。类比推理通常是在两个(或两类)对象之间进行的,在推理方向上表现为从特殊到特殊的过渡。

第二,类比推理的结论具有或然性。因为类比推理是把某个(或某类)对象所具有的属性推广到与之相似的另一个(或一类)对象上去,结论的范围超出了前提的范围,所以,类比推理的前提并不蕴涵结论,从前提的真实不能必然推出结论的真实。

5.4.4　提高类比推理的可靠性

类比推理作为一种或然性推理,和归纳逻辑中的其他推理一样,只有尽可能地提高结论的可靠性,才能更大限度地发挥类比的作用。那么如何提高类比推理的可靠性呢?

第一,尽可能多地确认类比对象的相同或相似属性,相同属性越多,结论的可靠性就越高。因为类比对象之间相同属性或相似属性越多,它们的类别就越接近,这样,类推的属性就有较大的可能为两个类比对象所共有。例如,法医为了确定某种毒物对人的致害能量,就常用高等动物做实验,因为高等动物比低等动物更接近于人类,与人的相同点或相似点多,这样得出结论的可靠性就高。但是,我们也要注意,当相同或相似的属性过多时,进行类比的意义或价值也就不断减少。

第二,力求以两个或两类事物的本质属性进行类比。前提中确认的相同本质属性的东西越多,结论的可靠性就越高。因为对象的本质属性制约着其他属性,前提中确认的相同或相似的属性愈是本质的,这些属性与推出属性之间的联系就愈密切相关。例如,高等动物的智能活动与大脑的发达程度有关,猴子就是这样。人们发现海豚的脑子与猴子的脑子相似,应用类比推理得出结论说,海豚是海洋中的"智能动物"。这个结论现在已经证明是对的。

类比推理在法学当中运用得非常广泛。例如,在国外的判例法制度中,以前的案例将作为以后可能发生类似案例的参照。比如一个杀人案中,杀人的手段、时间、目的、结果都跟以前的某杀人案相同或相似,而先前的案件中罪犯被判处死刑,所以目前的这一案件也可以判处被告死刑。某些国家仍然规定有类推制度,其实这也是类比推理。侦查中更是广泛地运用类比推理,侦查人员所积累的侦查经验都可能成为下一个案件的突破口。

5.5 回溯推理

5.5.1 回溯推理的概念

回溯推理是从结果出发,运用一般规律性知识,推测出该结果发生的原因的推理。例如:

①某地发生一件碎尸案,在案发一星期内,在10个现场,发现女

人的骨、肉共40块,包括头、肩胛、左手、左脚等。经验证,已获得的尸块占人体总重量的2/3。侦查人员依据医学、解剖学等知识,对被害人作了以下推断:

1)被害人是女性;

2)被害人年龄为19~20岁;

3)被害人可能是青工或下乡知青;

4)被害人未生育过孩子;

5)被害人体较胖,身高不超过155厘米。

侦查人员的推断过程为:

1)碎尸有女人头颅,

如果是女性,才是女人头颅;

所以,被害人是女性。

2)被害人智齿已萌生,

当地青年19~20岁时才长智齿,

所以,被害人年龄为19~20岁。

3)被害人皮肤细白,手指较尖,手脚无老茧,

如果是重体力劳动者,则骨骼粗壮,手脚有老茧,

所以,被害人是青工。

……

侦查人员对被害人作的上述一系列推断,运用的就是回溯推理。后来犯罪嫌疑人的供述也证实了这些推理的结论是符合实际的。

②某甲(女)于某日凌晨前后在自己的房间里被杀。据查,房屋门完好无损,没有刀拨痕迹。侦查人员据此做出以下推则:

门是被叫开的,

如果是非常熟悉的人半夜叫门,那么能将门叫开,

所以,是非常熟悉的人半夜叫门。

这里侦查人员用的也是回溯推理,因此而将侦查范围缩小到与死者非常熟悉的人身上。后查明,死者之夫某乙曾提出要与某甲离婚,某甲被杀的前夜,有人看见某乙回过村。据此,侦查人员再次运

用回溯推理作了如下推测：

某乙有作案时间，

如果是某乙杀害某甲，那么他有作案时间，

所以，可能是某乙杀某甲。

后来，侦查人员通过进一步的调查，证实某乙是杀人凶手。

5.5.2 回溯推理的形式

回溯推理的形式是：

Q

如果 P，那么 Q

所以，P

上式中，Q 表示已知的结果，"如果 P，那么 Q"表示一般规律性知识，P 表示根据已知的结果和一般规律性知识推测出的导致结果发生的原因。

回溯推理在实际思维中大量存在。例如，产品滞销，使人推测可能是广告工作没有做好；食物中毒事件的发生，使人推测可能是有人投毒；病人发高烧，使医生猜测病人可能是患了肺炎；等等。

5.5.3 回溯推理和演绎推理是相反的思维过程

演绎推理是由已知前提，推导出结论；而回溯推理则是从结果出发，寻求导致结果的原因。值得注意的是，整个回溯推理在逻辑结构上是：一个前提为充分条件假言命题，而另一个前提肯定充分条件假言命题的后件，结论肯定充分条件假言命题的前件。这种推理形式从演绎逻辑的角度来看是无效的，因为它是充分条件假言推理的肯定后件式，但我们不能说回溯推理犯了形式错误，不符合逻辑。因为我们在运用回溯推理时并未按照演绎推理的规则来进行，所以回溯推理不受演绎推理规则的约束。回溯推理的根据在于客观现象之间的因果联系。在客观世界中，一个现象的发生必然存在着一定的原因。正是由于这一点，人们才能根据已知的现象和已有的关于因果联系的知识而做出推测。然而由于客观世界的因果联系是复杂的,有一因一果,还有一因多果、一果多因等,所以,从结果出发,只能或然地回溯其原因。归纳逻辑是在承认回溯推理结论是可错的前提下,研究如何提高推理结论的可靠性程度。

为了提高回溯推理结论的可靠性程度,我们应尽量掌握与现象相关的各种因果联系的知识,从而推测出引起该现象的各种原因,再经过逐个检验,进而找到该现象发生的原因。比如电灯突然熄灭的原因有:保险丝被烧断,电灯泡烧毁,电路出故障,发电站停止工作等。经查,别的人家的电灯仍然亮着,所以可以进一步判定为保险丝被烧断或电灯泡被烧毁。再检查电灯泡未被烧毁,所以可以断定是保险丝被烧断。从这个例子可以看出,拥有的相关经验和知识越丰富,由回溯推理得出的结论可靠性越高。

批判性思维案例分析

[例1]　在青崖山区,商品通过无线广播电台进行密集的广告宣传将会迅速获得最大程度的知名度。

上述断定最可能推出以下哪项结论?

A. 在青崖山区,无线广播电台是商品打开市场的最重要途径。

B. 在青崖山区,高知名度的商品将拥有众多消费者。

C. 在青崖山区,无线广播电台的广告宣传可以使商品的信息传到每户人家。

D. 在青崖山区,某一商品为了迅速获得最大程度的知名度,除了通过无线广播电台进行密集的广告宣传外,不需要利用其他宣传工具做广告。

E. 在青崖山区,某一商品的知名度与其性能和质量的关系很大。

【解析】　选项A中的"最重要的途径"以及选项C中的"传到每户人家",均过于绝对,因归纳题也是或然性题目,故排除。选项E论及“商品的知名度与其性能和质量的关系”为无关选项，而选项 B 中“高知名度的商品将拥有众多消费者”为推理过度，故排除。从题干中“商品通过无线广播电台进行密集的广告宣传将会迅速获得最大程度的知名度”可知：如果“商品通过无线广播电台进行密集的广告宣传”，那么“会迅速获得最大程度的知名度”，则当然可推出“某一商品为了迅速获得最大程度的知名度，除了通过无线广播电台进行密集的广告宣传外，不需要利用其他宣传工具做广告”。故选项 D 为正确选项。

［**例 2**］ 神经化学物质的失衡可以引起人的行为失常，大到严重的神经疾病，小到常见的孤僻、抑郁甚至暴躁、嫉妒。神经化学的这些发泄，使我们不但对精神疾病患者，而且对身边原本生厌的怪僻行为者，怀有同情和容忍。因为精神健康无非是指具有平衡的神经化学物质。

以下哪项最为准确地表达了上述论证所要表达的结论？

A. 神经化学物质失衡的人在人群中只占少数。

B. 神经化学的上述发现将大大丰富神经病学的理论。

C. 理解神经化学物质与行为的关系将有助于培养对他人的同情心。

D. 神经化学物质的失衡可以引起精神疾病或其他行为失常。

E. 神经化学物质是否失衡是决定精神或行为是否正常的主要因素。

【解析】 正确答案 C。由于选项 A 中有“只占少数”均过于绝对，因归纳题也是或然性题目，故排除。选项 B 因其“大大丰富神经病学的理论”为无关选项。选项 D“神经化学物质的失衡可以引起精神疾病或其他行为失常”是题干“神经化学物质的失衡可以引起人的行为失常，大到严重的神经疾病，小到常见的孤僻、抑郁甚至暴躁、嫉妒”的重复，不是结论，结论是要由题干推出来的。选项 C、E 是需要辨析的。题干涉及两方面的情况：神经化学物质失衡可引起人的行为失常与对行为怪癖者的同情和容忍。选项 C 正说明了这两方面的关系,因而为正确选项。而选项E只涉及一个方面的情况。

[例3] “男女”和“阴阳”似乎指的是同一种区分标准,但实际上,“男人和女人”区分人的性别特征,“阴柔和阳刚”区分人的行为特征。按照“男女”的性别特征,正常人分为两个不重叠的部分;按照“阴阳”的行为特征,正常人分为两个重叠部分。

以下各项都符合题干的含义,除了:

A. 人的性别特征不能决定人的行为特征。

B. 女人的行为,不一定是有阴柔的特征。

C. 男人的行为,不一定是有阳刚的特征。

D. 同一个人的行为,可以既有阴柔又有阳刚的特征。

E. 一个人的同一个行为,可以既有阴柔又有阳刚的特征。

【解析】 从题干中的“‘男女’和‘阴阳’似乎指的是同一种区分标准,但实际上……”就知晓“男女”和“阴阳”不是一回事,选项B和选项C符合题干的含义;当然,选项A也说明了两者的不同。从题干中表述的“按照‘阴阳’的行为特征,正常人分为两个重叠部分”,可推出选项D“同一个人的行为,可以既有阴柔又有阳刚的特征”。但是,选项E却指“一个人的同一个行为,可以既有阴柔又有阳刚的特征”,这显然与题干的“‘阴柔和阳刚’区分人的行为特征”相矛盾,既然人的行为可分为“阴柔和阳刚”,那么就不可能一个行为可以既有阴柔又有阳刚的特征。正确答案是E。

[例4] 在西方经济发展的萧条期,消费需求的萎缩导致许多企业解雇职工甚至倒闭。在萧条期,被解雇的职工很难找到新的工作,这就增加了失业人数。萧条之后的复苏,是指消费需求的增加和社会投资能力的扩张。这种扩张要求增加劳动力。但是经历了萧条之后的企业主大都丧失了经商的自信,他们尽可能地推迟雇用新的职工。

上述断定如果为真,最能支持以下哪项结论?

A. 经济复苏不一定能迅速减少失业人数。

B. 萧条之后的复苏至少需要两三年。

C. 萧条期的失业大军主要由倒闭企业的职工组成。

D. 萧条通常是由企业主丧失经商自信引起的。

E. 在西方经济发展中出现萧条是解雇职工造成的。

【解析】 选项B为无关选项,题干未提到时间的问题。选项C中的“主要”二字推不出来,题干缺乏根据。选项D“企业主丧失了经商的自信”是指经历了萧条之后,所以不大可能引起萧条。而选项E为“因果倒置”,题干表述为“萧条期,消费需求的萎缩导致许多企业解雇职工甚至倒闭”,萧条是解雇职工的原因。所以正确答案为选项A。

[例5] 某公司一批优秀的中层干部竞选总经理职位。所有的竞选者除了李女士自身外,没有人能同时具备她的所有优点。

从以上断定能合乎逻辑地得出以下哪项结论?

A. 在所有竞选者中,李女士最具备条件当选总经理。

B. 李女士具有其他竞选者都不具备的某些优点。

C. 李女士具有其他竞选者的所有优点。

D. 李女士的任一优点都有竞选者不具备。

E. 任一其他竞选者都有不及李女士之处。

【解析】 选项A为结论,应含有预设(即“假设”)“李女士具有的所有优点都是当选总经理所具备的”,而题干中不具备。选项B、C、D很显然不对。从“没有人同时具备她的所有优点”推不出选项B、C、D。选项E可由题干推出。可用假设归谬法验证,假设选项E的否命题成立,即并非“任一其他竞选者都有不及李女士之处”等值于“有的竞选者没有不及李女士之处”,很显然与题干“没有人同时具备她的所有优点”相矛盾,故原假设不成立,即选项E的否命题不成立,所以正确答案为选项E。

批判性思维练习

1. 某国每年对全国吸烟情况做调查,结果表明:最近三年来,吸烟的中学生人数在逐年下降。于是，调查组的领导得出结论：吸烟的青少年人数在逐年减少。

以下哪项如果为真，将使调查组领导所下结论不能成立？

A. 由于经费紧张，下一年不再对中学生做此调查。

B. 大部分吸烟的青少年都不是中学生。

C. 近三年来，社会上帮助吸烟者戒烟的协会、组织在增加。

D. 近三年来，社会上帮助吸烟者戒烟的协会、组织在减少。

2. 最近由于在蜜橘成熟季节出现持续干旱，四川蜜橘的价格比平时同期上涨了三倍，这就大大提高了橘汁酿造业的成本，估计橘汁的价格将有大幅度的提高。

以下哪项如果是真的，最能削弱上述结论？

A. 去年橘汁的价格是历年最低的。

B. 其他替代原料可以用来生产仿蜜橘汁。

C. 最近的干旱并不如专家们估计的那么严重。

D. 除了四川外，其他省份也可以提供蜜橘。

3. 据对一批企业的调查显示，这些企业总经理的平均年龄是57岁，而在20年前，同样的这些企业的总经理的平均年龄大约是49岁。这说明，目前企业中总经理的年龄呈老龄化趋势。

以下哪项，对题干的论证提出的质疑最为有力？

A. 题干中没有说明，20年前这些企业关于总经理入选是否有年龄限制。

B. 题干中没有说明，这些总经理任职的平均年龄。

C. 题干中的信息，仅仅基于有20年以上历史的企业。

D. 20年前这些企业总经理的平均年龄，仅是个近似数字。

4. 目前的大学生普遍缺乏中国传统文化的学习和积累。根据国家教育部有关部门及部分高等院校最近做的一次调查表明，大学生中喜欢和比较喜欢京剧艺术的只占到调查人数的14%。

下列陈述中的哪一个最能削弱上述观点？

A. 喜欢京剧艺术与学习中国传统文化不是一回事，不要以偏概全。

B. 14%的比例正说明培养大学生对传统文化的学习大有潜力可挖。

C. 有一些大学生既喜欢京剧，又对中国传统文化的其他方面有兴趣。

D. 调查的比例太小，恐怕不能反映当代大学生的真实情况。

5. 一般人总会这样认为，既然人工智能这门新兴学科是以模拟人的思维为目标，那么，就应深入研究人的生理机制和心理机制。其实，这种看法很可能误导这门新兴学科。如果说，飞机发明的最早灵感是来自于鸟的飞行原理的话，那么，现代飞机从发明、设计到不断改进，没有哪一项是基于对鸟的研究之上的。

上述议论，最可能把人工智能的研究，比作以下哪项？

A. 对鸟的飞行原理的研究。

B. 对人的思维生理机制和心理机制的研究。

C. 飞机的设计制造。

D. 飞机的不断改进。

6. 上一次引进美国大片《廊桥遗梦》，仅仅在滨州市放映了一周时间，各影剧院的总票房收入就达到800万元。这一次滨州市又引进了《泰坦尼克号》，准备连续放映10天，1000万元的票房收入应该能够突破。

根据上文包括的信息，分析上述推断最可能隐含了以下哪项假设？

A. 滨州市很多人因为映期时间短都没有看上《廊桥遗梦》，这次可以得到补偿。

B. 这一次各影剧院普遍更新了设备，音响效果比以前有很大改善。

C. 这两部片子都是艺术精品，预计每天的上座率、票价等非常类似。

D. 连续放映10天是以往比较少见的映期安排，可以吸引更多的观众。

7. 电冰箱的问世引起了冰市场的崩溃，以前人们用冰来保鲜食物，现在电冰箱替代了冰的作用。同样道理，由于生物工程的成果，研究出能抵抗害虫的农作物，则会引起什么后果？

以下哪项是上述问题的最好回答？

A. 化学农药的需求减少。

B. 增加种子成本。

C. 增加农作物的产量。

D. 农田的价值下降。

8. 地球上之所以有生命存在，至少是因为具备了以下两个条件：一是因与热源保持一定距离而产生出适当的温差范围；二是这种温差范围恒定保持了至少 37 亿年以上。在宇宙的其他地方，这两个条件的同时出现几乎是不可能的。因此，其他星球不可能存在与地球上一样的生命。

该论证是以下面哪项为前提？

A. 一个确定的温差范围是生命在星球上发展的唯一条件。

B. 生命除了在地球上发展外不能在其他星球存在。

C. 在其他星球上的生命形式需要像在地球上的生命形式一样的生存条件。

D. 对于为什么生命只在地球上出现而不在其他星球上出现尚无满意解释。

9. 室内荧光灯的连续照射对患有先天性心脏病的仓鼠的健康有益。一群暴露在荧光灯连续照射下的仓鼠的平均寿命比另一群同种但生活在黑暗之中的仓鼠长 25%。

上面描述的研究方法最适合回答下列哪一项问题？

A. 阳光照射或荧光灯照射对产业工人的工作也有那么大影响吗？

B. 医院的光照疗法能被证明对病人的恢复有促进作用吗？

C. 深海鱼种怎能在漆黑一片中得以生存？

D. 仓鼠患的是什么遗传病？

第6章　求因果联系方法

6.1　因果关系的特点

提高不完全归纳推理结论的可靠性程度的因素之一，就是要注意探求被考察的对象与其属性间的因果联系。那么，如何探求现象间的因果联系呢？本章介绍传统逻辑中关于求因果联系的五种方法。

因果联系是指原因和结果之间的联系。原因和结果本是哲学中的一对范畴。它是对自然界和社会领域中普遍存在的一种必然联系的哲学概括和反映。所谓原因，就是引起某现象出现的现象；所谓结果，就是被某现象引起的现象。例如，某甲未付货款在先，致使某乙未交货物。甲的行为就是乙未交货的原因，乙未交货就是甲未付款的结果。

因果联系是一种普遍的、客观的联系。任何一种现象的出现都必然存在其产生的原因，同时又存在其产生的结果。无因之果或无果之因是不存在的。每个现象、事物都客观地处在纵横交错的因果链条之中。

因果联系具有以下几个特点，这些特点是探求因果联系逻辑方法的客观标准。

6.1.1 原因和结果是前后相继的，原因先于结果，结果后于原因

这是因果联系在时间上的特征表现,也是最直观、最具体的特征表现。所以我们在寻找某一现象的原因时,一定要在先于它的现象中去寻找,在寻找某一现象的结果时,一定要在后于它的现象中去寻找。因果联系虽然在时间上先后相继,但不是凡时间上先后相继的现象都有因果联系。例如春天过后是夏天,虽然有时间上的先后,但不能说春天是夏天的原因。

6.1.2 因果联系是确定的

因果联系的确定性从质的方面说,就是在同样的条件下,同样的原因会产生同样的结果。例如,在通常的大气压下,水的温度降到0℃以下就会结冰。因果联系的确定性从量的方面说,原因发生了一定量的变化,结果也会相应地发生变化。例如,在通常的大气压下,随着温度的升高或降低,水就会相应地变热或变冷。因此,我们在探求因果联系时就要注意:同质的原因必然会引起同质的结果,原因的量变必然会反映在结果中。

6.1.3 因果联系是复杂多样的

有一因一果,如日食和月食;有多因一果,如液体蒸发加快,可能由于温度升高,也可能是由于压力降低,还可能是这两种因素同时作用的结果;也有合因一果,即几种原因共同作用,才能产生某种结果,如农作物大丰收是水、肥、土、种等共同起作用的结果;此外,还有一因多果、多因多果等情形。因此,探求因果联系是个复杂的认识过程。

寻求因果联系是人们认识客观事物的一个重要方面。不同的具体科学,有着各自不同的寻求因果联系的具体方法,只适用于某一个或某几个特定的科学领域,因此,它们不属于逻辑学研究的范围。近代英国逻辑学家穆勒提出了五种探求因果联系的方法,这五种方法是对历史上求因果方法的比较严格、全面的总结。它们是一些比较

简单的,但又具有一般性的方法。这五种方法是:求同法、求异法、求同求异并用法、共变法、剩余法。逻辑史上称之为“穆勒五法”。

6.2 契合法

求同法又称契合法。

6.2.1 契合法的概念

如果在被研究的那类现象出现的几个场合中,其他有关情况都不相同,只有一个情况是相同的,那就得出结论:这个唯一相同的情况与被研究的那类现象之间有因果联系。例如:

①18 世纪俄国科学家罗蒙诺索夫写了一篇《关于热和冷的原因之探索》的论文,其中曾做过这样一个推论:我们摩擦冻僵了的双手,手便暖和起来;我们敲击冰冷的石块,石块能发出火光;我们用锤子不断锤击铁块,铁块可以热到发红。由此可知:“运动能够产生热”。

②在一起中毒案件中,某甲报告说,他家里人发生了呕吐、昏迷现象;某乙报告说,他家里人发生了呕吐、昏迷现象;某丙也有同样的报告。现在我们要寻找呕吐、昏迷的原因。我们发现,这些住户的居住条件都不相同,中毒者的年龄、健康状况也不相同,但有一个情况则是共同的,就是同饮一口井的水。那么我们可以判断,井水可能是引起呕吐、昏迷的原因。

求同法可用下列图式表示:

场合	有关情况	被研究现象
(1)	A、B、C	a
(2)	A、D、E	a
(3)	A、G、F	a
…	…	…

所以,A 与 a 之间有因果联系

比如,从例①中可以看出,产生热现象的场合共列举了三种:场合1是摩擦双手,场合2是敲击冰冷的石块,场合3是用锤子锤击铁块。在这三种不同的场合中,所使用的方法和工具都不同,唯一相同的是三种情况都有运动过程。因此,得出结论:运动和热之间有因果联系。

求同法的特点是“异中求同”,即在各种不同的情况中寻求唯一相同的情况。由于事物的相关因素往往是复杂的,很可能表面相同的而实非相同,或表面相异而实非相异。而且,求同法没有考察所有场合,也没法考察各个场合中所有的情况,所以,求同法得出的结论是或然的。

6.2.2　应用求同法时的注意点

第一,各场合是否还有其他的共同情况。人们在应用求同法时,往往忽略了不同情况中隐藏着另一个共同情况,而这个比较隐蔽的共同情况又恰好是被研究现象的真正原因。例如,人们最早寻找疟疾病的原因时发现,往往低洼潮湿的环境是患病的原因。经过长期的探索,人们才弄清楚,疟原虫是疟疾病的真正原因。经长期的探索,又发现蚊子是疟原虫的传播者,而低洼潮湿的环境是蚊子滋生的主要场所。

第二,要尽量增加可比较的场合。进行比较的场合越多,结论的可靠程度就越高,如果比较的机会少了,往往可能有一个不相干的现象恰好是它们共有的,人们便会产生误解。随着观察场合的增多,各场合共有一个不相关现象的可能性便会随之减少。例如,把彗星的出现与人间的灾乱说成是因果关系,这种迷信的说法正是利用少数场合的偶然巧合,把一个不相干的现象与被研究现象联系起来了。

6.3 差异法

求异法又称差异法。

6.3.1 差异法的概念

比较被研究现象出现和不出现的两种场合,若其他情况完全相同,只有一个情况不同,而唯一不同的这个情况,在被研究现象出现的场合中是存在的,在被研究现象不出现的场合是不存在的。于是得出结论:这两个场合中唯一不同的情况与被研究现象之间有因果联系。例如:

①一位心理学家曾做过这样的实验:他把一群生活条件相同、饲养方法相同的同种的狗分成两组,对其中一种狗做手术,切除它们的大脑皮质,另一组则不施行这种手术。心理学家发现,做了手术的那一组狗失去了条件反射,另一组未做过手术的狗有条件反射。于是他得出了这样的结论:狗的大脑皮质的功能是狗有条件反射的原因。

②在某妇女被害案中,据其夫交代,他曾给其妻注射的葡萄糖里放有氯化钾,氯化钾是一种常用药,它能否致死呢?针对这一问题做了动物实验。实验证明,在同样的情况下,在给动物静脉注射氯化钾时,快速推注氯化钾时就可致死,慢速推注就不会致死。这就说明,在静脉注射氯化钾时,快速推注是被注射者致死的原因。

求异法可用图式表示如下:

场合	有关情况	被研究现象
(1)	A、B、C	a
(2)	–、B、C	–

所以,A 与 a 之间有因果联系

求异法的特点是"同中求异",它要求被研究现象出现的场合与不出现的场合中,只有一种情况不同,其余的情况完全相同。这一般只有在人工控制的条件下才能做到,因此,求异法的应用一般是以实验为基础的,故求异法的结论要比求同法可靠得多。但是,求异法也不能保证它考察了所有的情况,结论仍然是或然的。

6.3.2　应用求异法时的注意点

第一,两个场合是否还有其他差异情况。求异法要求,在被研究现象出现的场合和被研究现象不出现的场合中只有一个差异情况存在,其他情况必须完全相同。如果其他情况中还存在着另一个差异情况,那么很可能它就是被研究现象的真正原因。例如,在对生物的研究中,医务人员注意到,同样的医疗措施得出不同的医疗效果,这往往与治疗的时间有关系。糖尿病人在早晨4时对胰岛素最敏感;人得传染病最可能死亡的时间与细菌最敏感的时间是一致的,约在早晨5时。由此,他们认识到,在进行医学研究时,对试验组和对照组除了采取某种医疗措施或使用不使用某种药物外,还必须注意时间的相同,而不要由时间的不同而使其他情况并不相同,从而导致错误的结论。所以,在使用求异法时应注意到有可能在表面上其他情况不同,实际上还隐藏着另一个差异情况的情形,严格遵守“其他情况完全相同”的要求。

第二,两个场合唯一不同的情况,是被研究现象的整个原因,还是被研究现象的部分原因。如果被研究现象的原因是复合的,而且各部门原因的单独作用是不同的,那么,总原因的一部分情况消失时,被研究现象也是不出现的。例如,农作物高产的原因是复合的:天气条件、适当的管理、良种等都是农作物高产的原因。其中,良好的天气条件仅仅是农作物高产的部分原因,并不是总原因。如果把天气条件看成唯一的原因,那就会得出错误的结论。因此,只有找出被研究现象的总原因,才能真正把握这些现象与被研究现象之间的因果联系。

6.4 契合差异并用法

求同求异并用法又称契合差异并用法。

6.4.1 契合差异并用法的概念

如果在被研究现象出现的几个场合中,都有某一情况出现,而在被研究现象不出现的几个场合中,都没有这个情况出现,那就得出结论:这个情况与被研究的那类现象之间有因果联系。例如:

①我国唐代著名医学家孙思邈对脚气病进行了研究。他发现富人患这种病的人较多,穷人患这种病的人很少。他通过进一步的观察、比较后发现:富人的性格、脾气、身体状况、生活习惯等情况各有差别,但有一个共同点是吃去净米糠、麸皮的细面白面;穷人的情况也各不相同,但也有一个共同点,即吃的多是含有米糠、麸皮的糙米、粗粮。于是他得出结论:富人得脚气病是由于食物中缺少米糠、麦麸引起的。于是,他试着用米糠、麸皮来治脚气病,结果果真灵验。从孙思邈的推理过程来看,他实际上用了求同求异并用法。

②我们在研究犯罪现象时,将失足的青年和没有失足的青年进行比较。经过分析发现:失足青年的家庭常常是不稳定的,有的父母离异,有的父母长期在外,对孩子关怀和帮助不够;而没有失足的青年一般家庭环境都较好,父母经常关怀和帮助他们。因而得到这样一条经验:家庭的不稳定,没有得到父母的关怀和帮助,是青年容易失足的重要原因之一。

契合差异并用法可用以下图式表示:

场合		有关情况	被研究现象
正面	(1)	A,B,C	a
	(2)	A,D,E	a
	(3)	A,F,C	a
	…	…	…
正面	(1)	–,B,G	–
	(2)	–,D,N	–
	(3)	–,F,G	–
	…	…	…

所以,A 与 a 之间有因果联系

契合差异并用法的特点是:“两次求同,一次求异”。应用这种方法实际上经过三个步骤:第一步,比较被研究现象 a 出现的正面场合,运用求同法得知,凡有 A 情况就有现象 a 出现;第二步,比较被研究现象 a 不出现的反面场合,运用求同法得知,凡无 A 情况就无现象 a 出现;第三步,比较正反两组场合,根据有 A 就有 a,无 A 就无 a ,运用求异法即可得知 A 与 a 有因果联系。由于契合差异并用法在考察有关情况时,可能忽视本是相关的情形,故而其结论也是或然的。

6.4.2 应用契合差异并用法时的注意点

第一,尽量在每组场合中考察更多的场合。因为考察的场合越多,就越能排除凑巧的偶然情形,就不大容易把一个不相干的因素与被研究现象联系起来。

第二,选择被研究现象不出现的反面场合时,应尽量与被研究现象出现的正面场合的其他情况相似。因为被研究现象不出现的场合是很多的,它们对于探求被研究现象的因果联系并不都是有意义的。反面场合组的情况与正面场合组的情况越相似,结论的可靠程度就越高。

6.5 共变法

6.5.1 共变法的概念

如果在被研究现象发生变化的几个场合中,其他有关情况都不变化,唯有一个情况相应地变化,那就得出结论:这个相应变化的情况与被研究现象之间有因果联系。例如:

①在其他情况不变的条件下,气温上升了,温度计里的水银柱也就上升了;温度下降了,温度计里的水银柱也就下降了。我们由此可以得出结论说:温度的升降是温度计里的水银柱升降的原因。

②科学家通过对头发的化学成分的分析,发现头发内包含有大量的硫和钙。精确的测定表明,心肌梗死患者头发中的含钙量已降到了最低限度。假定一个健康男子头发的含钙量平均为0.26%,那么,一个患有心肌梗死的男子,他的头发的含钙量仅仅只有0.09%。据此,科学家们相信,根据头发含钙量的变化,可以诊断出心肌梗死的发展情况。

共变法可用图式表示如下:

场合	有关情况	被研究现象
(1)	A_1,B,C	a_1
(2)	A_2,B,C	a_2
(3)	A_3,B,C	a_3

所以,A与a有因果联系

共变法是以因果联系的量的确定性作为客观根据的,在特定的条件下,原因的一定量的作用只能引起完全确定的结果。当原因的作用扩大或缩小时,表现于结果的效应也必然扩大或缩小,原因和结果在量上是共变的。

共变法的特点是“同中求变”，即在其他有关情况都保持不变的条件下，寻求唯一与被研究现象发生相应变化的情况。如果许多情况都在变化，就很难确定哪个情况与被研究现象有因果联系。显然在自然条件下，要做到这一点是很困难的。所以，共变法通常是在人工控制的条件下应用的，因而其结论的可靠性程度较高。但在最终的原因未得到证实之前，它的结论仍具有或然性。

6.5.2　运用共变法时的注意点

第一，与被研究现象发生共变的现象必须是唯一的，否则，结论便不可靠。例如，在研究温度变化与气体体积变化之间的关系时，必须以压力不变为前提。如果除了温度在变化，压力也在变化，则所得的结论就会出差错。

第二，两个现象间的共变关系有一定的限度，超过这个限度，就会失掉原来的共变关系。例如，农作物的密植在一定限度内可以增产，但如果超过这个限度，就会适得其反。

6.6　剩余法

6.6.1　剩余法的概念

如果已知某一复合现象与另一复合现象之间有因果联系，又知前一现象中某一部分与后一现象中某一部分有因果联系，那就得出结论：前一现象的剩余部分和后一现象的剩余部分之间有因果联系。例如：

①有一次，居里夫人和她的丈夫为弄清一批沥青铀矿样品中是否含有值得加以提炼的铀，就对其中的含铀量进行测定。但他们发现，有几块样品的放射性甚至比纯铀的放射性还要大。这就说明这些沥青铀矿石中一定含有别的放射性元素。同时，这些未知的放射

性元素只能是非常小量的，因为用普通的化学分析方法不能把它们检测出来。这就是说，它们一定具有很强的放射性。居里夫人在很原始的条件下以极大的毅力从几吨沥青铀矿石中寻找这些微量的新元素。1898年7月，他们终于分离出极少量的黑色粉末，这些黑色粉末的放射性比同等数量的铀强400倍。

②大约60年前，人们开始使用雷达向地球大气的电离层发射电波，通过对接收到的回波的分析来研究电离层对电波的影响。后来人们常常发现，接收到的回波往往有所增强。于是，当时就有人提出猜测说，这种反常现象可能是由于电波在空中遇到了能够反射电波的其他物体。后来人们发现，当许多看得见的流星经过头顶上空时，就会观测到非常强的无线电回波。从此，人们终于了解到，这些来历不明的无线电回波原来是由流星引起的。

剩余法可用图式表示如下：

复合情况A、B、C、D与被研究的复合现象a、b、c、d有因果联系

B与b有因果联系

C与c有因果联系

D与d有因果联系

所以，A与a有因果联系

剩余法的特点是“余中求因”，即已知两个复合现象之间有因果联系后，把其中已确定了有因果联系的部分除去，再从剩余的结果中分析原因。由于剩余法不能保证将各种因果联系都研究穷尽，可能还有其他因素未被研究，因而其结论也具有或然性。

6.6.2 应用剩余法时的注意点

第一，必须确知被研究的复合现象中的一部分现象(b、c、d)是由复合现象中的某些情况(B、C、D)引起的，并且剩余部分(a)不可能是这些情况(B、C、D)引起的。否则，结论就不可靠。

第二，复合现象的剩余部分(A)不一定是一个单一的情况，还有

可能是个复合情况,在这种情况下,人们就必须进一步研究、探求剩余部分的全部原因。

批判性思维案例分析

[例1] 某保险公司近来的一项研究表明,那些在舒适环境里工作的人比在不舒适工作环境里工作的人生产效率高25%。这表明:日益改善的工作环境可提高员工的生产率。

以下哪项如果为真,最能削弱以上结论?

A. 平均来说,生产率低的员工每天在工作场所的时间比生产率高的员工要少。

B. 舒适的环境比不舒适的环境更能激励员工努力工作。

C. 生产率高的员工通常得到舒适的工作环境作为酬劳。

D. 生产率高的员工不会比生产率低的员工工作时间长。

【解析】 题干中根据一项研究的结果"那些在舒适环境里工作的人比在不舒适工作环境里工作的人生产效率高25%",就推出结论说:"日益改善的工作环境可以提高工人的生产率"。但此研究结果中涉及的效率高与工作环境好二者之间谁导致谁并不知道,就由此得出结论说"工作环境好导致效率高",即"日益改善的工作环境"是原因,"提高工人的生产率"是结果;选项C则把"生产率高的员工"作为原因,把"得到舒适的工作环境"作为结果;如果选项C为真,则题干中的结论就犯了"因果倒置"的错误。选项B是支持题干中的结论的,选项A和D则与题干无关。所以,正确答案是C。

[例2] 在20世纪50年代,我国森林的覆盖率为19%,20世纪60年代为11%,20世纪70年代为6%,20世纪80年代不到4%,随着森林覆盖率的逐年减少,植被大量损失,土地对雨水的拦蓄作用被削弱,一下暴雨,水卷泥沙滚滚而下,使洪涝灾害逐年严重。可见,森林资源的破坏是酿成洪灾的原因。

以下哪项使用的方法与题干最为类似?

A. 敲锣有声,吹箫有声,说话有声。这些发声现象都伴有物体上空气的震动,因而可以断定物体上空气的震动是发声的原因。

B. 把一群鸡分为两组:一组喂白米,鸡得一种病,脚无力,不能行走,症状与人得的脚气病相似;另一组用带壳稻米喂,鸡不得这种病。由此推测:精白米中没有的带壳稻米中的某种东西是造成脚气病的原因。进一步研究发现,这种东西就是维生素B1。

C. 意大利的弗·雷第反复进行了一个实验,在4个大广口瓶里放进鱼和肉,然后盖上盖,或蒙上纱布,苍蝇进不去,一个蛆都没有。另4个大广口瓶里,放进同样的鱼和肉,敞开瓶口,苍蝇飞进去产卵,腐烂的肉和鱼很快生满了蛆。可见苍蝇产卵是腐烂的鱼肉生蛆的原因。

D. 在有空气的玻璃罩内通电击铃,随着抽出空气的量的变化,铃声越来越小,若把空气全抽出,则完全听不到铃声。可见,空气多少是发出声音大小的原因,空气的有无是能否听到铃声的原因。

【解析】 题干中使用了共变法。选项A是使用求同法,选项B和C都是使用求异法,只有选项D与题干一样,使用了共变法。所以,正确答案是D。

[例3] 母亲:这学期冬冬的体重明显下降,我看这是因为他的学习负担太重了。父亲:冬冬体重下降和学习负担没有关系。医生说冬冬营养不良,我看这是冬冬体重下降的原因。

以下哪项如果真,最能对父亲的意见提出质疑?

A. 学习负担过重,会引起消化紊乱,妨碍对营养的正常吸收。

B. 隔壁松松和冬冬一个班,但松松是个小胖子,正在减肥。

C. 由于学校的重视和努力,这学期冬冬和同学们的学习负担比上学期有所减轻。

D. 现在学生的普遍问题是过于肥胖,而不是体重过轻。

【解析】 题干中的父亲认为,冬冬体重下降的原因是营养不良,但选项A指出营养不良又可以是由学习负担过重引起的。这样,营养不良仅仅是冬冬体重下降的表面原因,而真正的原因还是学习负担过重，所以，父亲说的“冬冬体重下降和学习负担过重没有关系”是不对的。选项B和C是对父亲意见的支持，选项D不能构成对父亲的意见的质疑。所以，正确答案是A。

[例4]　光线的照射，有助于缓解冬季忧郁症。研究人员曾对9名患者进行研究，他们均因冬季白天变短而患上了冬季忧郁症。研究人员让患者在清早和傍晚各接受3个小时伴有花香的强光照射。一周之内，7名患者完全摆脱了抑郁，另外两人也表现出了显著的好转。由于光照会诱使身体误以为夏季已经来临，这样便治好了冬季忧郁症。

以下哪项如果为真，最能削弱上述结论？

A. 研究人员在强光照射时有意使用花香伴随，对于改善患上冬季忧郁症患者的适应征有不小的作用。

B. 九名患者中最先痊愈的3位均为女性，而对男性患者治疗效果较为迟缓。

C. 强光照射对于皮肤的损害已经得到专门研究的证实，其中夏季比冬季的危害性更大。

D. 每天6个小时的非工作状态，改变了患者原来的生活环境，改善了他们的心态，这是对抑郁患者的一种主要的影响。

【解析】　题干中的结论是“光线照射的增加是缓解冬季忧郁症的原因”。要削弱此项是要指出：缓解冬季忧郁症的原因并不是光线照射的增加，而是存在着别的原因。选项B讲“强光照射对于男性患者治疗的效果较为迟缓”，但毕竟还是有缓解作用，所以该项实际上是支持题干的。选项C讲强光照射对于皮肤的损害，与题干不相关。选项A虽然讲了“有意使用花香伴随”，但花香也只是伴随，不能否定强光照射的根本性作用。选项D强调：“每天6个小时的非工作状态”是对冬季忧郁症患者的一种主要影响，实际是指出了“不是强光照射而是每天6个小时的非工作状态缓解了患者的冬季忧郁症”，用“每天6个小时的非工作状态”这个根本原因否定了“强光照射”这个表面性的原因。所以，正确答案是D。

[例5] 某大学的30名学生近日答应参加一项旨在提高约会技巧的计划。在参加这项计划前一个月,他们平均已经有过一次约会经历。30名学生被分成两组:第一组与6名不同的志愿者进行6次“实习性”约会,并从约会对象得到对其外表和行为的看法的反馈;第二组仅为对照组。在进行实习性约会前,每一组都要分别填写社交忧惧调查表,并对其社交的技巧评定分数。进行实习性约会后,第一组需要再次填写调查表。结果表明:第一组较之对照组表现出更少社交忧惧,在社交场合更多自信,以及更易进行约会。显然,实际进行约会,能够提高我们社会交际的水平。

以下哪项如果为真,最可能质疑上述推断?

A. 这种训练计划能否普遍开展,专家们对此有不同的看法。

B. 参加这项训练计划的学生并非随机抽取的,但是所有报名的学生并不知道实验计划将要包括的内容。

C. 对照组在事后一直抱怨他们并不知道计划已经开始,因此,他们所填写的调查表因对未来有期待而填得比较忧惧。

D. 填写社交忧惧调查表时,学生需要对约会的情况进行一定的回忆,男学生普遍对约会对象评价较为客观,女学生则显得比较感性。

【解析】 题干中使用了求异法来进行论证。将30名学生分为两组:实验组和对照组。为什么实验组较之对照组表现出更少的社交忧惧呢?不同的相关情况是:实验组进行了6次“实习性”约会。该方法要求其他情况必须相同,即不能有别的不同情况。但是,选项C指出了还有别的不同情况,即“对照组在事后一直抱怨他们并不知道计划已经开始,因此,他们所填写的调查表因对未来有期待而填得比较忧惧”,这一不同的相关情况也就构成了对题干中所得出的结论“进行实习性约会可以表现出更少的社交忧惧”的质疑。选项A是怀疑题干所得出的结论的普遍意义,并没有质疑题干的结论本身。选项B说“参加这项计划的学生并非随机抽取”,但这对于实验组和对照组都一样,不影响实验的可靠性。选项D讲的是参加计划的男学生和女学生对所约会对象的评价不一致，但题干中并没有考查男女生之间的差异情况，该选项与题干无关。所以，正确答案是C。

[例6]　在经历了全球范围的股市暴跌的冲击以后，T国政府宣称，它所经历的这场股市暴跌的冲击，是由最近国内一些企业过快的非国有化造成的。

以下哪项，如果事实上是可操作的，最有利于评价T国政府的上述宣称？

A. 在宏观和微观两个层面上，对T国一些企业最近的非国有化进程的正面影响和负面影响进行对比。

B. 把T国受这场股市暴跌的冲击程度，和那些经济情况和T国类似，但最近没有实行企业非国有化的国家所受到的冲击程度进行对比。

C. 把T国受这场股市暴跌的冲击程度，和那些经济情况和T国有很大差异，但最近同样实行了企业非国有化的国家所受到的冲击程度进行对比。

D. 计算出在这场股市风波中T国的个体企业的平均亏损值。

【解析】　题干中T国政府把"它所经历的这场股市暴跌的冲击"的原因归结为"最近国内一些企业过快的非国有化"，该结论可以通过将T国"受这场股市暴跌的冲击程度"与"那些经济情况与T国类似，但最近没有实行企业非国有化的国家所受到的冲击程度"进行对比而得到，如果那些经济情况与T国类似但最近没有实行企业非国有化的国家，并没有受到这场股市暴跌的冲击或者所受到的冲击程度较小，就可以说明T国政府的宣称是成立的了。选项C说要将T国受这场股市暴跌的冲击程度和那些"经济情况与T国有很大差异并且最近同样实行了企业非国有化的国家所受到的冲击程度"进行对比，这只可说明经济情况的差异是造成受这场股市暴跌冲击的原因。选项A、D都不能说明题干中T国政府的宣称。所以，正确答案是B。

[例7]　在司法审判中，所谓肯定性误判是指把无罪者判为有

罪，否定性误判是指把有罪判为无罪。肯定性误判就是所谓的错判，否定性误判就是所谓的错放。司法公正的原则是“不放过一个坏人，不冤枉一个好人”。

法学家认为，目前，衡量一家法院在办案中对司法公正的原则贯彻得是否足够好，就看它的肯定性误判率是否足够低。

以下哪项如果为真，能最有力地支持上述法学家的观点？

A. 宁可错判，不可错放，是“左”的思想在司法界的反映。

B. 错放造成的损失，大多是可弥补的；错判对被害人造成的伤害，是不可弥补的。

C. 各个法院的办案正确率普遍有明显的提高。

D. 各个法院的否定性误判率基本相同。

【解析】 题干中的法学家观点是一家法院在办案中的肯定性误判率越低，那么它对司法公正的原则就贯彻得越好，但这必须假设否定性误判率必须保持不变，因为肯定性误判率和否定性误判率是考察某家法院是否公正的两个缺一不可的因素。当否定性误判率基本相同时，衡量一个法院在办案时对司法公正的原则是否贯彻得足够好，当然关键就看肯定性误判率是否足够低了。选项 B 说肯定性误判比否定性误判的危害性大，是对法学家观点的支持，但还不足以说明法学家的观点就是成立的。选项 A 与法学家的观点有关联，但也不构成直接的支持关系。选项 C 与法学家观点无关。所以，正确答案是 D。

批判性思维练习

1. 某学院最近进行了一项有关奖学金对学习效率是否有促进作用的调查，结果表明：获得奖学金的学生比那些没有获得奖学金的学生的学习效率平均要高出 25%。调查的内容包括自习的出勤率、完成作业所需要的平均时间、日平均阅读量等许多指标。这充分说明，奖学金对帮助学生提高学习效率的作用是很明显的。

以下哪项如果为真,最能削弱以上的论证?

A. 获得奖学金通常是因为那些同学有好的学习习惯和较高的学习效率。

B. 获得奖学金的同学可以更容易改善学习环境来提高学习效率。

C. 学习效率低的同学通常因学习时间长而缺少正常的休息。

D. 对学习效率的高低和奖学金多少的关系的研究应当采取定量方法进行。

2. 一位研究人员发现免疫系统活性水平较低的人在心理健康测试中得到的分数比免疫系统活性水平正常或较高的人低。该研究人员从这个实验中得出结论,免疫系统既能抵御肉体上的疾病,也能抵御心理疾病。

以下哪项如果为真,研究人员的结论将受到最有力的削弱?

A. 人们的免疫系统活性水平没有受到他们服用的药物的影响。

B. 免疫系统活性高的一些人在心理测试方面的得分与免疫系统活性正常的人的得分一样。

C. 与免疫系统活性正常或高的人相比,免疫系统活性低的人更易得过滤性毒菌引起的感染。

D. 高度压力首先导致心理疾病,然后导致正常人的免疫系统活性降低。

3. 加利福尼亚的消费者在寻求个人贷款时可借助的银行比美国其他州少,银行间竞争的缺乏解释了为什么加利福尼亚的个人贷款利率高于美国其他地区。

以下哪项如果为真,最能削弱上述结论?

A. 因为要支付相对高的工资来吸引胜任的员工,加利福尼亚的银行为它们提供的许多服务向储户收取的费用比其他地方银行高。

B. 个人贷款比银行做的其他种类贷款如住房按揭贷款风险大。

C. 因为加利福尼亚的银行存款和美国其他地区银行存款都受相同的保险保障,它们的安全性并不比其他地区的银行存款差。

D. 加利福尼亚的银行向储户支付的利率比美国其他地区的银行低，因此在加利福尼亚，吸收储户的竞争较少。

4. 1960—1970年，非洲国家津巴布韦境内的狩猎者猎捕了6500多头大象以获取象牙，这一时期津国大象总数从35000头下降到30000头以下。1970年津国采取了保护大象的措施，1970—1980年间逮捕并驱逐了800多名狩猎人。但是，到1980年津国大象总数还是下降到了21000头。

以下哪项如果为真，最有助于解释上述表面上的矛盾现象？

A. 1960—1980年间逮捕的狩猎者并未被判处长期徒刑。

B. 津国的一个邻国1970—1980年间大象数量略有回升。

C. 1970年以前，津国反对捕杀大象的法律没有得到执行。

D. 1970—1980年，津国大量砍伐了大象赖以生存的森林。

5. 一个常见的误解认为大学的附属医院比社区医院或私人医院要好。实际上，大学的附属医院救活率比其他医院都低。从这点可以清楚地看到大学的附属医院的治疗水平比其他医院都低。

以下哪项如果为真，最有力地削弱了上文的论证？

A. 在大学附属医院工作的医生赚的钱比私人医院的医生少。

B. 大学附属医院和社区医院买不起私人医院的精密设备。

C. 大学附属医院的重点是纯科学研究，而不是治疗和照顾病人。

D. 寻求大学附属医院帮助的病人病情通常比在私人或社区医院的病人病情重。

6. 粮食可以在收割前在期货市场进行交易。如果预测谷物产量不足，谷物价格就会上升；如果预测谷物丰收，谷物期货价格就会下降。今天早上，气象学家们预测从明天开始谷物产区里会有非常需要的降雨。因为充分的潮湿对目前谷物的存活非常重要，所以今天的谷物期货价格会大幅下降。

以下哪项如果为真，将严重地削弱上述观点？

A. 在关键的受粉阶段没有接受足够潮湿的谷物不会取得丰收。

B. 本季度谷物期货价格的波动比上季度更加剧烈。

C. 气象学家预测的明天降雨估计很可能会延伸到谷物产区以外。

D. 农业专家们今天宣布,一种已经毁坏一些谷物作物的病菌在生长季节结束前会更广泛地传播。

7. 如今的音像市场,正版的激光唱盘和影视盘销售不佳,而盗版的激光唱盘和影视盘却屡禁不绝,销售非常火爆。有的分析家认为,这主要是因为价格上盗版盘更有优势,所以在市场上更有活力。

以下哪项是这位分析人员在分析中隐含的假定?

A. 正版的激光唱盘和影视盘内容呆板,不适应市场的需要。

B. 与价格的差别相比,正版盗版质量差别不大。

C. 盗版的激光唱盘和影视盘不如正版的进货渠道畅通。

D. 正版的激光唱盘和影视盘不如盗版的销售网络完善。

8. 一位研究人员希望了解他所在社区的人们喜欢喝可口可乐还是百事可乐。他找了些喜欢喝可口可乐的人,要他们在一杯可口可乐和一杯百事可乐中,通过品尝指出喜好。杯子上不贴标签,以免商标引发明显的偏见,只是将可口可乐的杯子标志为"M",将百事可乐的杯子标志为"Q",结果显示,超过一半的人更喜欢喝百事可乐,而非可口可乐。

以下哪项如果为真,最可能削弱上述论证的结论?

A. 参加者受到了一定的暗示,觉得自己的回答会被认真对待。

B. 多数参加者对于可口可乐和百事可乐的市场占有情况是了解的,并且经过研究证明,他们普遍有一种同情弱者的心态。

C. 在对参加实验的人所进行的另外一个对照实验中,发现了一个有趣的结果:这些实验中的大部分人更喜欢英文字母Q,而不大喜欢M。

D. 在参加实验前的一个星期中,百事可乐的形象代表正举行大规模的演唱会,演唱会场地有百事可乐大幅宣传画并且在电视转播中反复出现。

9. 年度大学生艺术节期间,某主管部门举办了一次别开生面的音乐会,一半是流行音乐,另一半是严肃音乐。演出结束后所做的调查显示,观看演出的大学生半数以上表示更喜欢其中的流行音乐节目。有关人士得出结论:这说明,那种认为对音乐类型的喜好与受教育程度有关,受教育程度较高的人更喜欢严肃音乐的观点,是没有根据的。

以下哪项如果为真,最能对上述结论提出质疑?

A. 严肃音乐节目的演员阵容,不如流行音乐的强大。

B. 观看演出的大学生中,有一些是艺术系的。

C. 目前电视中播出的音乐节目中,流行音乐要远多于严肃音乐。

D. 上述音乐会是在某大学的礼堂举行的,该礼堂不具备专业演出的某些条件。

10. 许多研究人员推测:大脑细胞中的 RNA 是记忆的生化基础,即 RNA 的存在使我们能够记忆。已知某一化学物质可抑制体内 RNA 的合成,研究人员将 RNA 抑制物注射到已经练过跳火圈的狗的体内,然后检验狗对所学反应的记忆,用这种方法来检验他们的推测是否正确。

以下哪一种实验结果能最有力推翻研究人员的推测?

A. 注射了 RNA 抑制物后,许多反应(包括跳火圈反应)均受影响。

B. 注射了 RNA 抑制物后,许多没学会跳火圈的狗竟能熟练地跳火圈。

C. 注射了 RNA 抑制物后,一些狗将学会的跳火圈的全部技巧忘掉了,其他的只忘掉了一部分。

D. 当只注射少量的 RNA 抑制物时,对狗的影响不大,但注射大量 RNA 抑制物时,狗对跳火圈的记忆明显受损。

第 7 章　非形式理论

7.1　非形式逻辑缘起

作为一门逻辑课程，批判性思维运动的兴起和发展与逻辑学的现代发展密切相关，可以说，批判性思维的产生由逻辑教学始肇其端，是逻辑教学现代改革的结果。众所周知，逻辑学之父亚里士多德曾把逻辑学视为一切科学的工具，他的研究几乎涉及思维的所有方面，他讨论了范围广泛的逻辑问题，如范畴问题、直言命题、模态命题、直言三段论、模态三段论、证明的理论与方法、归纳方法、论辩与修辞、谬误及其反驳、思维规律，并且也涉及了复合命题及其推理。19 世纪以前的逻辑研究特别是逻辑教学中，一直就延续着亚里士多德所开创的这种“大逻辑”传统，即逻辑教学应涉及一切与人的思维程序有关的东西。

但是，19 世纪末 20 世纪上半叶，随着现代逻辑的创立和逐步成熟，这种“大逻辑”传统逐渐被边缘化，逻辑课堂上占主导地位的是形式化的数理逻辑。无可否认，现代逻辑的创立具有划时代的意义，正如罗素所说，新的数理逻辑“给哲学带来的进步，正像伽利略给物理学带来的进步一样。它终于使我们看到，哪些问题有可能解决，哪些问题必须抛弃，因为这些问题是人类能力所不能解决的。而对于看来有可能解决的问题，新逻辑提供了一种方法，它使我们得到的不仅是体现个人特殊见解的结果，而且是一定会赢得一切能够提出自己看法的人赞同的结果”。但作为一种教学内容,形式化的数理逻辑却显露出一些严重的缺陷,因为对于一般的大学生来说,他们学习逻辑的主要目的是要有助于他们的日常思维,而符号化程度很强的数理逻辑与人们的日常思维的关系并不那么直接明显,而且又比较难学。于是,学生和教师们都感到有必要对逻辑教学进行改革,认为逻辑教学应该与人们的日常生活相关,与人们的日常思维相关。特别是如前所述,大家普遍认为,逻辑教学应该能够教给学生一种方法,以使得他们能够在利害攸关的重大问题上作出相对准确、合理的判定和决策。

于是,首先在北美,进而在世界范围内出现了一股开设批判性思维课程、编撰批判性思维教材的“非形式逻辑新浪潮”,他们办有国际性杂志,经常召开相关的国际会议,这方面的研究论著和教科书也如雨后春笋般出现。20 世纪 40 年代,批判性思维被用于标示美国教育改革的一个主题;70 年代,批判性思维成为美国教育改革运动的焦点;80 年代成为教育改革的核心。美国批判性思维运动的开拓者恩尼斯 1962 年就认真分析了“批判性思维”概念,最终的表述为:批判性思维是“为决定相信什么或做什么而进行的合理的、反省的思维”,所谓“批判性思维”,可以界定为“面对做什么或相信什么时作出合理性决定的一系列思考技能和策略”,同时它也体现一种思维方式和思维习惯。哈贝马斯将批判性思维等同于“解放性学习”(emancipatory learning),即学会从阻碍人们洞察新趋势,支配自己的生活、社会和世界的那些个人的或制度的或环境的强制力中解放出来。20 世纪 90 年代,鉴于批判性思维定义的分歧,美国哲学学会运用德尔菲(Delphi)方法(反复询问调查 + 专家意见 + 直观结果的方法),将批判性思维界定为:批判性思维是有目的的、自我校准的判断。这种判断导致解释、分析、评估、推论,以及对判断赖以存在的证据、概念、方法、标准或语境的说明。

对思想和行为的质疑和评价是根据一定的标准完成的。和逻辑一样,在其规范形式里,批判性思维以超越内容的普遍智力价值为基础。只要一个人对检查和核实关于一个问题、难题或境遇的论证的质量感兴趣,那么,普遍智力标准就必定被用于思维。这些标准主要有:清晰性、正确性、精确性、一致性、相干性、逻辑性、深度、广度和公正。

1. 清晰性

清晰性是最基本的智力标准。如果陈述不清晰,就谈不上是否正确或相关。清晰性要求的目的是,免除混淆或含糊,消除晦涩,使人们能较好地理解话语。清晰性是思维的基础,也是批判性思维的基础目标。认识到"您所意谓的"和"您所说的东西意谓的"这二者之间的区别是重要的。澄清的关键是具体、详细而精确的例子。

2. 正确性

免除过失、错误或失真。正确性蕴涵着一个人获得与事实或真理一致性的积极实践。正确性是批判性思维中的一个重要目标,虽然它几乎总是有程度的问题。应认识到,只要我们在一种视界或参照系内思维,常常就会出现某种扭曲失真。我们应带着这种思维的警觉进行思考,带着对自己的、课本的、教师的、学科的视角的局限性的认识进行思考。

3. 精确性

一个陈述可能清晰而正确,但并不精确。精确是正确、明确和确切的质量。达到精确性需要更详细、具体的陈述和解释。当然,精确性本身也是相对的,精确性的标准和方式随学科和语境而变化。针对不同的语境和目的,精确性的精确度要求是不同的。

4. 一致性

思考、行动或说话与先前早已思考的、做的或表达的相一致;具有智力或道德的诚实性。人类生活和思维充满了不一致性、伪善和矛盾。我们经常说一套做一套,对我们自己和我们的朋友用一种标准,但对我们的敌手用另一种标准,并不惜偏激地证明我们赞同的思想或否定与我们的利益不相符合的思想。一致性是批判性思维者的基础理念。他们努力消除自己信念中的矛盾并警惕他人信念中的矛盾。心灵公正的思想者要努力以同样的方式对待同样的情形。或许,最难以达至的一致性形式是言与行的一致性。自私自利的双重标准是人类生活中最普通的问题之一。

5. 相干性

一个陈述可能是清晰的、正确的、精确的,但与所论的问题并不相干。相干性说的是陈述与当下的内容相关联,它意味着对考虑的事情是重要的、有密切的逻辑关系。批判性思维者必须能知道与问题相干的和不相干的事实之间的区别,把自己的注意力聚焦于相干事实,并且不让不相干的考虑事项影响他们的结论。某事是否相干常常并不清晰,相干性往往需要加以论证。只有通过区分相干和不相干资料的实践,通过评估赞成或反对事实和意见的相干性的持久实践,才能养成对相干性的敏感性。

6. 逻辑性

思维把多种思想整合一起形成某种秩序。当思想的组合相互支撑,组合有意义时,这种思维是"逻辑"的。而当这种组合不是相互支撑,在某种意义上是矛盾的,或并不产生意义,那么这种组合不是逻辑的。逻辑性的标准要求推理只能得出理由所提供的那种可接受性强度的结论。同时,一个接受理由和推理形式的人,必须接受推理的逻辑后果。逻辑性是支撑信念和行为的理由是否具备合理性的问题。当然,逻辑性有程度或强度之分,它与不同的逻辑关系类型有关。

7. 深度

批判性思维者能深入追溯一个问题,全盘把握一个思考或讨论的广泛过程的各个方面。他们对所获悉的详细资料产生自己的理解,将它们置于学科的大构架和他们的全面视角之下。他们沉思所研究的主题和问题背后的重大难题或疑问。一个陈述可能清晰、正确、精确和相干,但可能是肤浅的,缺乏深度。比如,仅仅通过说"不"来阻止某种行为就缺乏深度,它没有对付问题的复杂性。有时一个表面的理由被认为是"借口"。批判性思维者应在这种表面的理由背后挖掘真正的理由。

8．广度

推理路线是清晰正确的、精确的、相干的，也有深度，但缺乏广度，仅仅认识到问题的一个方面的必要性。我们需要考虑另一种观点吗？存在审视这个问题的另一种方式吗？这样的审视像是从某某观点来看的吗？当考虑跨学科问题（大多数社会生活问题）时，批判性思维者借助许多学科的相关概念、知识以及洞察来分析。要理解伊拉克战争的原因，需要运用科技的、地理的、经济的、政治的、宗教的学科知识进行分析。

9．公正

批判地思考必须考虑对立观点的力量与弱点；想象把自己置于他人的处境，以便真诚地理解他们；克服带着我们的直接感知或长期存在的思想或信念来认识真理的那种自我中心倾向。这个特性与正确重构他人的观点和推理，根据他人的而非我们自己的前提、假设和理念进行推理的能力相关联。世界由许多具有不同观点和思维方式的社群和人们组成。如果人们仅仅从美国人、日本人或俄罗斯人的立场来思考，那他们就不能真正地理解世界。此外，批判性思维者认识到他们的行为影响他人，因此要从他人的视角来考虑自己的行为。

以上标准既体现在传统逻辑的定义、划分、思维规律、形式谬误等范畴中，也体现在非形式逻辑的论证、预设、非形式谬误等范畴中。批判性思维没有学科边界，任何涉及智力或想象的主题都可从批判性思维的视角来审查。批判性思维既体现思维技能水平，也凸显现代人文精神。它是一种不可缺少的探究工具，是教育的解放力量，是人们的私人生活和公共生活的强大资源。

7.2 定义理论

7.2.1 定义的概念

定义是明确概念内涵的逻辑方法。例如：

①刑法是有关犯罪和刑罚的法律。

②民法是调整平等主体的公民之间、法人之间以及公民和法人之间的财产关系和人身关系的法律规范的总称。

一个完整的定义由三部分组成，即被定义项、定义项和定义联项。

被定义项是其内涵有待明确的概念。如例①中的"刑法"和例②中的"民法"。被定义项既可以是关于事物本身的概念，也可以是反映事物的性质和关系的概念，通常用 D_S 来表示。

定义项是用来明确被定义项内涵的概念。如例①中的"关于犯罪和刑罚的法律"和例②中的"调整平等主体的公民之间、法人之间以及公民和法人之间的财产关系和人身关系的法律规范的总称"。定义项既可以是表达事物、性质、关系的词语或符号，也可以是一个语句，通常用 D_P 来表示。

定义联项是联结被定义项和定义项的语词。在一般情形下，其左方是被定义项，右方是定义项。定义联项通常由"是""就是""即""称为""是指"等语词来表达。

定义的公式是：D_S 就是 D_P。

7.2.2 定义的种类及下定义的方法

定义通常分为两大类：真实定义和语词定义。真实定义直接揭示概念所反映的对象的特有属性，即概念的内涵。语词定义则是通过揭示表达概念的语词的含义来间接明确概念的内涵的。

1. 真实定义

真实定义也称为本质定义,它是明确概念所反映对象的特有属性的定义。

基本的真实定义方法是属加种差定义,即定义项由被定义项的邻近属概念和种差构成,可用公式表示为:

被定义项 = 种差 + 邻近属概念

属加种差定义方法的具体步骤为:第一,找到被定义项邻近的属概念。第二,找到种差,即可以将被定义项所反映的对象与包含在同一属中其他种事物区别开来的特有属性或本质规定。第三,用种差限制邻近属概念以构成定义项。第四,用适当的定义联项将被定义项和定义项联结,形成一个完整的定义。

如我们给“法律”下定义时,首先要找到其邻近属概念“规范”;其次找到其与同属于“规范”的道德、宗教以及风俗习惯等种概念的区别——种差:“由统治阶级制定或认可的,由国家强制力保证实施的,具有普遍约束力的”;然后用“种差 + 邻近属概念”构成定义项,即“由统治阶级制定或认可的,由国家强制力保证实施的,具有普遍约束力的规范”;最后,用适当的定义联项将被定义项和定义项联结,形成对“法律”的完整定义,即“法律是统治阶级制定或认可的,由国家强制力保证实施的,具有普遍约束力的规范”。

一个概念的属概念往往是多层次的。用属加种差的定义方法给概念下定义时,要求先找出被定义项的邻近属概念,但“邻近属概念”是相对而言的。究竟应选择哪一个作为属概念,要根据下定义时解决问题的实际需要而定。

例如,“人”这一概念的属概念有“生物”“动物”“脊椎动物”“哺乳动物”“灵长目动物”等,而“人是能够制造和使用生产工具的动物”这一定义则是以“动物”作为邻近的属概念,其原因即在于定义所要求的是把人和其他动物区别开来。

由于事物的特有属性或本质属性是多方面的,基于研究的不同需要,人们可以从不同的角度揭示事物的特有属性,因而就可以找出

不同的种差。正是由于种差的多样性,使得用属加种方法作出的定义也是多种多样的。主要的表现形态有:

(1) 性质定义。种差是被定义项所反映的对象的性质的定义即为性质定义。前面所举的例子大多为此种定义。

(2) 发生定义。种差是被定义项所反映的对象产生或形成情况的定义即为发生定义。例如:

①结婚是男女双方依照法律规定的条件和程序,缔结夫妻关系的行为。

(3) 功用定义。种差是被定义项所反映的对象的功能作用的定义即为功用定义。例如:

②在共同犯罪中起次要或者辅助作用的,是从犯。

(4) 关系定义。种差是被定义项所反映的对象与另一对象之间的关系,或者它与另一对象对第三者的关系的定义即为关系定义。例如:

③从合同是具有关联性的两个合同中必须以他种合同的存在为前提,而自身不能独立存在的合同。

属加种差的定义方法虽然是常用的给概念下定义的方法,但它也有一定的局限性。对于最大类概念就不能用这种方法下定义。这是因为最大类概念由于其外延最广,没有比它外延更广的属概念可言,因此也就不能通过属加种差的方法给其下定义。

此外,用属加种差方法给概念下定义时,往往把定义项中众所周知、显而易见的属概念省略。例如:

④已经着手实行犯罪,由于犯罪分子意志以外的原因而未得逞的,是犯罪未遂。

例④是“犯罪未遂”的定义,其中就省略了属概念“行为”。

2. 语词定义

语词定义是明确语词确切含义的定义。语词定义可分为说明的语词定义和规定的语词定义两种。

(1) 说明的语词定义。说明的语词定义是对某个语词已有的并得到社会承认的意义作出解释、说明的定义。词典中对词的解释基本上是说明的语词定义。例如：

⑤“司寇”是指中国古代掌管刑狱、纠察等事的官员。

⑥“英特纳雄乃尔”一词是外来语，意思是国际共产主义思想。

（2）规定的语词定义。规定的语词定义是人们通过约定对某个原有的或新出现的词赋予特定意义的定义。例如：

⑦“三资企业”是指在我国境内依据中国法律成立的中外合资企业、中外合作企业和外资企业。

⑧“三讲”是指讲学习、讲政治、讲正气。

规定的语词定义所定义的词在一个时期可以看作一种约定，经过一定时期的使用后往往变成了新的通用语，如“红眼病”“帅呆了”“大腕儿”等。

说明的语词定义因其是否符合该语词的既定意义而有真假之分，而规定的语词定义只有规定是否合理的问题，没有真假之分。

7.2.3　定义的规则

给概念下一个正确的定义，不仅需要掌握概念所反映对象的相关知识，以及下定义的一般方法，而且必须遵守下定义的有关规则。下定义须遵守的规则主要有以下几点。

1. 定义必须相应相称

定义的这条规则的含义是指定义项的外延与被定义项的外延必须具有全同关系。如果定义违反这条规则，就会出现“定义过宽”或“定义过窄”的逻辑错误。所谓定义过宽，是指定义项的外延大于被定义项的外延，即把本来并不属于被定义项所反映的对象纳入了定义项之中。而定义过窄则是指定义项的外延小于被定义项的外延，即把本应属于被定义项所反映的对象排除在了定义项的外延之外。例如：

①刑法是惩治违法行为的法律。

②刑法是关于什么行为是犯罪的法律。

例①即犯了“定义过宽”的逻辑错误，而例②犯了“定义过窄”的逻辑错误。

2. 定义不能循环

定义的这条规则也即定义项中不得直接或间接地包含被定义项。这是因为被定义项本身是有待明确的概念，如果定义项中直接或间接包含了被定义项，也就意味着包含了本身尚不明确的概念，从而也就达不到通过定义明确概念的目的。

违反定义的这一规则就会犯两种逻辑错误：如果定义项与被定义项只是在语言形式上有所不同，从而在定义项中直接包含被定义项，即为“同语反复”的逻辑错误；如果定义项中间接包含被定义项，就是“循环定义”的逻辑错误。例如：

③合同法就是有关合同的法律。

④生命是有机体的新陈代谢。

例③就犯了“同语反复”的错误，因为它的定义项中直接包含了被定义项。例④则犯了“循环定义”的错误，因为定义项中包含了“有机体”这个概念，而“有机体”这一概念又需用生命来说明，从而也就意味着上述定义对“生命”并未给予确切的说明。正如恩格斯所言：“如果规定生命是有机体的新陈代谢，这就等于规定生命就是生命”，“这种解释并没有使我们前进一步”。

3. 定义应当用肯定的语句形式和正概念

定义的这一规则要求定义项一般不能包含负概念，或定义不能是否定命题，而应当用肯定命题来表达。这是因为给概念下定义的目的即在于揭示概念的内涵，即揭示被定义项所反映的对象具有何种特有属性或本质属性。而负概念只能说明被定义项不具有何种属性，否定命题只能说明被定义项不是什么，并不能说明被定义项具有什么属性或是什么，从而达不到定义的目的。

违反定义的这一规则将导致“定义离题”的逻辑错误。例如：

⑤犯罪未遂不是犯罪既遂。

⑥侵权行为是非合法行为。

以上两例都犯了"定义离题"的逻辑错误。例⑤虽然指出了犯罪未遂不是犯罪既遂，但没有直接揭示犯罪未遂所具有的本质属性或特有属性，从而不能把犯罪未遂同它的属概念（故意犯罪）中的其他种概念（犯罪预备、犯罪中止和犯罪既遂）区别开来，因而起不到定义的作用。根据我国刑法的规定，犯罪未遂是已经着手实行犯罪，由于犯罪分子意志以外的原因而未得逞的行为。例⑥仅仅说明侵权行为不是合法行为，同样没有揭示侵权行为的特有属性，因而也没有达到明确"侵权行为"这一概念的定义目的。根据民法原理，侵权行为应该是指行为人就其对他人的人身权利和财产权利造成的损害，依法应当承担过错责任或者无过错责任的行为。

值得注意的是，定义的这一规则是就一般情况而言的。在一些特殊情况下，如对于某些事物来说，缺乏某种属性正是它的特有属性，或被定义项本身就是负概念，在下定义的时候，就可以用否定的语句形式或负概念。例如，非婚生子女是指没有合法婚姻关系的男女所生的子女。

4. 定义必须明确

定义的这一规则要求定义项应当清楚确切，不能使用晦涩含混或者包含比喻的语词。如果定义项使用的语言含混不清，就会导致"定义含混"的逻辑错误；如果定义中运用了比喻，就犯了"以比喻代定义"的逻辑错误。例如：

⑦犯罪是对统治阶级统治秩序的最大蔑视。

⑧教师是人类灵魂的工程师。

例⑦就犯了"定义含混"的错误，而例⑧则犯了"以比喻代定义"的错误。比喻虽然富于形象性、生动性，但并没有陈述被定义概念所反映的对象的特有属性，因而无法使概念的内涵明确。

7.3 划分理论

概念的使用,不仅需要明确其内涵,而且需要明确其外延,即明确概念所反映的对象是什么,包含哪些分子(或子类),其范围有多大。由于不同类型概念外延的大小不同,因而其明确方法也不同。单独概念可以通过指出其外延包含单一对象的方法来明确。对于普遍概念,尤其是当其外延相当多,以至于难以列举或没有必要列举时,就可以运用划分的方法对这类概念的外延予以明确。

7.3.1 划分的概念

所谓划分,是以对象的一定属性为标准,将一个属概念分成若干个种概念,以达到明确其外延的逻辑方法。例如:

①根据发生根据的不同,可以将债分为合同之债、不当得利之债、无因管理之债和侵权行为之债。

②民事权利根据其作用的不同,可以分为请求权、支配权、形成权和抗辩权。

从结构上讲,划分是由三个部分组成的,即划分的母项、划分的子项和划分的标准。

划分的母项就是其外延被划分的属概念,如例①中的"债",例②中的"民事权利"。

划分的子项就是从母项中划分出来的各并列的种概念,如例①中的"合同之债、不当得利之债、无因管理之债、侵权行为之债",例②中的"请求权、支配权、形成权、抗辩权"。

7.3.2 划分的标准

划分的标准是将一个属概念划分为若干个种概念时所依据的对象的一定属性。如例①中的"债的发生根据",例②中的"民事权利的作用”。

在一定的语言环境中,为了表达的精练起见,划分的标准可以省略,如离婚有协议离婚和诉讼离婚两种,这里就省略了“离婚的方式”这一划分标准。

事物的属性多种多样,由此决定的划分标准也可根据不同的需要而选取,如我们可以根据不同的标准对“民事权利”作不同的划分:

民事权利依据其客体所体现利益的性质不同,可划分为财产权、人身权、知识产权和社员权。

民事权利依据其作用的不同,可划分为支配权、请求权、形成权和抗辩权。

民事权利依据其效力所及的范围不同,可划分为绝对权和相对权。

民事权利依据其并存的两个权利的依存性为标准,可划分为主权利和从权利。

民事权利依据其权利有无移转性,可划分为专属权和非专属权。

民事权利依据其成立要件是否全部具备,可划分为既得权和期待权。

7.3.3　划分的方法

1. 一次划分和连续划分

这是日常思维中最常用的两种划分方法。

一次划分是对母项一次划分完毕的划分,这种划分只有母项和子项两层。例如,证据根据其来源的不同划分为原始证据和传来证据。

连续划分是将第一次划分所得的子项作为第二次划分的母项,使划分继续进行下去直到满足实践需要为止。例如,民事诉讼程序可以连续划分如下:民事诉讼程序可划分为审判程序和执行程序;而审判程序可划分为第一审审判程序、第二审审判程序、审判监督程序、特别程序、督促程序、公示催告程序、企业法人破产还债程序;其中,第一审审判程序又可划分为第一审普通程序和简易程序。这是包含四个层次、进行了三次划分的连续划分。

2. 二分法

二分法是一种特殊的划分方法,是以对象有无某种属性作为划分标准,将母项中具有该种属性的对象划分为一类,表现为一个正概念,将不具有该种属性的划分为另一类,表现为一个负概念,二者为矛盾关系。如将子女划分为婚生子女和非婚生子女。

7.3.4 划分的规则

要对一个概念作出正确的划分,除了掌握划分对象的相关知识以及逻辑上的划分方法外,还必须掌握以下划分的规则:

1. 划分必须是相称的

划分的这一规则就是要求划分所得各子项的外延之和必须全同于母项的外延。

违反划分的这一规则将导致"划分不全"或"多出子项"的逻辑错误。如果子项的外延之和小于母项的外延,即将本应属于母项的子项遗漏,就是"划分不全";若子项的外延之和大于母项的外延,即将本不属于母项的对象当作子项,就是"多出子项"。例如:

①担保物权有抵押权、质押权。

②担保物权有抵押松、质押权、留置权和典权。

例①即犯了"子项不全"的逻辑错误,因为遗漏了"留置权",而例②则犯了"多出子项"的逻辑错误,因为多出了"典权"。

2. 每次划分的标准必须同一

划分的这一规则就是要求每一次划分的标准只能是同一个,不允许对一部分子项的划分采用一个标准,而对另一部分子项的划分又采用其他标准。

违反划分的这一规则将导致"多标准划分"的逻辑错误。例如:

③合同划分为诺成合同、实践合同、要式合同和不要式合同。

这一划分就犯了"多标准划分"的逻辑错误。因为"诺成合同"

与“实践合同”是根据合同的成立是否以交付标的物为要件而划分的,而“要式合同”与“不要式合同”则是根据合同的成立是否需要采用特定形式或程序来划分的。

每一次划分的标准只能有一个,仅仅要求同一次划分中不能改变标准,并不意味着在一次划分中只能用事物的一个属性作标准。我们可以根据实践的需要,将事物的多种属性综合为一个统一的标准进行划分。如我们可以将法人划分为:本国社团法人、外国社团法人、本国财团法人、外国财团法人。这就是依据法人的国籍和组织基础两个属性综合为一个统一的标准而对法人进行的划分。

此外,划分的这一规则也仅仅要求每次划分的标准应该是同一的,而在连续划分中不同层次的划分标准可以是不同的,即连续划分的不同层次可以改变划分标准。例如,依据物权的权和主体是否是财产的所有人,可以将物权划分为自物权和他物权,然后再依据设立目的的不同,将他物权划分为用益物权和担保物权,最后依据担保物权发生原因的不同,将担保物权又划分为法定担保物权和约定担保物权。

3. 划分的各子项外项之间必须互不相容

划分的这一规则就要求划分后所得的各子项外延之间必须是不相容的全异关系。只有遵守划分的这一规则,才能保证把属于母项的每一个对象划分到一个子项中去,而且也只能划分到一个子项中去。反之,如果子项不是互不相容的,就使得一些对象既属于这一子项,又属于那一子项,从而导致混乱。

违反划分的这一规则将导致“子项相容”的逻辑错误。例如:

④合同分为有名合同、无名合同和混合合同。

这一划分就犯了子项相容的逻辑错误,因为无名合同包括单纯无名合同和混合合同,混合合同与无名合同是相容的关系。

7.3.5　分解与列举

分解、列举与划分的关系较难区分。

分解与划分不同。分解是把一个具体事物肢解为若干个组成部分，分解前的具体事物与分解后的组成部分之间是整体与部分的关系，分解后的部分不具有整体的属性；而划分是把一个属概念分为几个种概念，也即把属概念所指称的对象分成若干个小类，其母项和子项是属种关系，子项具有母项的属性。例如，将我国的行政机关分为国务院及地方各级人民政府是划分，因为国务院及地方各级人民政府都是行政机关，都具有行政机关的属性。但如果将行政机关分为办公室、法制局等则为分解，因为办公室等并不具有行政机关的属性。

此外，单独概念由于其外延只有一个，故而不能对其进行划分，但仍可以进行分解。如"地球"不能再作划分，但可分解为南半球和北半球。

列举是划分的省略形式，是一种特殊的划分。划分一般要求明确概念的全部外延，而这在有些场合是不可能也没有必要的，因而可根据需要将概念的部分外延予以明确，而将其余部分在已明确的子项后面用"等""等等""其他"或省略号代替，这种划分的特殊形式即为列举。例如：

①部门法学有：宪法学、行政法学、刑法学、民法学、经济法学、家庭婚姻法学、诉讼法学等。

列举应遵守的规则主要有：

(1) 每一次列举的标准只能是一个。

(2) 列举的各子项外延之间应当互不相容。

以上我们分别讨论了明确概念内涵和外延的逻辑方法——定义和划分。其实，当我们既有必要明确概念的内涵，又有必要明确概念的外延时，可以将这两种逻辑方法结合起来使用。例如：

②《中华人民共和国刑事诉讼法》第 42 条规定：

"证明案件真实情况的一切事实，都是证据。

证据有下列七种：

(一) 物证、书证；

（二）证人证言；

（三）被害人陈述；

（四）犯罪嫌疑人、被告人供述和辩解；

（五）鉴定结论；

（六）勘验、检查笔录；

（七）视听资料。

以上证据必须经过查证属实，才能作为定案的根据。”

由此可见，刑事诉讼法就是同时采用定义和划分这两种逻辑方法来明确“刑事诉讼中的证据”这一概念的。

7.4　基本规律

思维形式是受逻辑规律制约的。逻辑规律中，有的是关于某种思维形式的特殊规律，有的是适用于一切思维形式的普遍规律。例如，三段论的规则，只适用于三段论推理，不适用于直言命题对当推理和命题变形推理，也不适用于各种复合命题的推理，更不适用于有关概念和命题的问题。而逻辑基本规律是对于一切思维形式普遍有效的，即它们是概念、命题、推理和论证所要共同遵守的。

逻辑思维的基本规律有四条：同一律、矛盾律、排中律、充足理由律。同一律保证思想的同一性，矛盾律保证思想的无矛盾性，排中律保证思想的明确性，充足理由律保证思想的前后一致性。而同一性、无矛盾性、前后一致性和明确性则是思维有确定性的不同角度的表现。在现实的思维过程中，思维的确定性即同一性、无矛盾性、前后一致性和明确性是人们正确思想的最超码的要求，所以，这四条规律在各类逻辑思维形式中普遍起作用，成为最基本的逻辑规律。

7.4.1　同一律

同一律是指在同一思维过程中，每一思想都必须与自身保持同一。

1. 同一律的基本内容

同一律的基本内容是:在同一思维过程中,每一思想与自身具有同一性。可用公式表示为:“A 是 A”,即“A→A”。它表示在同一思维过程中,每一词项、每一命题都必须是确定的,都必须与自身保持同一。

2. 同一律的基本要求

根据同一律的基本内容,我们可以将同一律的基本要求归结为以下两点:

(1) 在同一思维过程,我们表达思想时所用的词项,必须保持其确定的内涵和外延。也就是说,在同一思维过程中,一个词项,原来指称什么对象就要一直指称这一对象,而不能随意变更。这样,运用概念和命题进行推理的时候,才能保证思想内容的确定性,否则就会发生思维混乱并引起行动上的错误。

(2) 在同一思维过程中,不仅要保持词项内容的确定性,而且还必须保持命题的确定性。也就是说,一个命题陈述什么就陈述什么,并且其前后的陈述应当一致。同样,一个命题是真的就是真的,是假的就是假的,也不能随意变更,否则也会发生思维混乱。

例如,“法律是统治阶级意志的体现”,这个命题的内容是确定的,我们运用它进行推理、论证的时候,必须保持其同一性,而不能时而认为它是这样的内容,时而又认为它是那样的内容;也不能一会儿说它是真的,一会儿又说它是假的。

再如古希腊有名的“半费之讼”的例子。半费之讼的故事是说,有一次,古希腊智者派的著名代表人物普罗泰哥拉招收了一个叫欧提勒士的学生,教他学习法庭辩论之术。师徒二人事先签订了合同,规定欧提勒士先付给普罗泰哥拉一半学费,剩下的一半,等欧提勒士毕业以后第一次出庭帮人打官司并胜诉之后再付;如果第一场官司打输了,则证明普罗泰哥拉教学无方,那么欧提勒士剩下的一半学费就可以免去不交。但欧提勒士毕业以后并不出庭打官司,也不去交剩下的一半学费。普罗泰哥拉等得不耐烦了,就向法院起诉。在法庭上,师徒二人展开了激烈的辩论。普罗泰戈拉的理由是:"如果欧提勒士这次官司打赢了,那么按照合同,你应该付给我另一半学费;如果你打输了,那么按照法庭的判决,你也应该付给我另一半学费。这次官司你或者打赢,或者打输,所以,你都得付给我另一半学费。"谁知,"青出于蓝而胜于蓝",欧提勒士针锋相对地反驳道:"如果我打赢了这场官司,那么按照法庭的判决,我不必付给你另一半学费;如果我打输了,那么按照合同的规定,我也不必付给你另一半学费。这场官司我或者打赢,或者打输,但不管是赢还是输,我都不必付给你另一半学费。"据说这场辩论立刻难倒了法官。这就是逻辑史上著名的"半费之讼"。

在这一例子中,普罗泰哥拉最终陷入两难的境地。究其根源,就在于为了使自己在诉讼中处于有利地位,随意变更判定胜败的标准,也就是说没有保持判定胜败标准的同一性。师徒都在诡辩,因为他们都违背了同一律。在两人的辩论中,都对是否应付另一半学费这同一问题采用了不同的标准:合同和判决。哪个标准在哪种情况下对自己有利就采用哪个标准,这犯了"前提不一致"的逻辑错误。

3. 违反同一律产生的逻辑错误

在思维过程中,如果违反同一律的要求,就会出现以下逻辑错误:

(1) 混淆概念与偷换概念。混淆概念是无意识违反同一律的要求,把不同的概念当成同一个概念来使用所犯的逻辑错误。这种逻辑错误主要是由于思想模糊、认识不清或缺乏逻辑素养,不善于准确使用概念来表达思想而造成的。混淆概念的错误常常在词义相近或一词多义的情况下发生。

如果说混淆概念是由于无意识违反同一律而发生的逻辑错误,那么,偷换概念则是故意违反同一律的要求,将不同的概念当作同一概念来加以运用。偷换概念是辩论中论敌经常使用的诡辩手段之一,其目的在于颠倒黑白,混淆是非,使人上当受骗。比如,在刑法中,“正当防卫”与“防卫过当”是两个完全不同的概念,也是确定罪与非罪的重要界限,但是在司法实践中,一些别有用心的人往往故意混淆这两个概念的区别,并最后用“正当防卫”偷换“防卫过当”达到逃避罪责的目的。

从以上混淆概念和偷换概念的分析可以看出:二者的共同之处在于都是违反了同一律对于概念确定性、同一性的要求;二者的不同之处在于无意与故意,混淆概念是无意识,偷换概念是故意,二者在性质上有所不同。

(2) 转移论题与偷换论题。按同一律的要求,在人们的同一思维过程中,不仅要保持概念的同一性,而且要保持论题的同一性,不能随意改变论题,否则也会发生逻辑错误。

转移论题是指无意识违反同一律的要求,使议论离开论题所犯的逻辑错误。在我们的日常生活中,一些人非常喜欢发议论,但是由于缺乏逻辑训练,所以在发议论的时候,往往东拉西扯,使人不知所云。

与转移论题不同,偷换论题是故意违反同一律的要求,用某一论题暗中代替另一论题而犯的逻辑错误。比如,一个青年犯了罪,他的母亲包庇他,就采用了偷换论题的方式。下面是公安人员与她的对话:

问:“你儿子犯了罪,你有什么说的?”

答:“我希望政府释放我儿子。”

问:“贩毒是不是违法?”

答:“还有人在贩!”

这个母亲的最后一句偷换了论题。因为公安人员的问题是“贩毒是不是违法”,她不回答公安人员的问题,而是答非所问,说“还有人在贩毒”。很明显,“贩毒是不是违法”与“还有人在贩毒”并不是同一个论题,并且,证明还有人在贩毒并不等于证明她儿子贩毒不违法,同时,还在贩毒的人尚未受到处罚也不能说明她儿子贩毒不应受到处罚。这种答非所问就是一种偷换论题的诡辩。

4. 同一律的作用

同一律是逻辑学的一条最基本的规律，也是人们正确思维的一条最基本的原则，它是人们保持思维确定性的前提。概括起来说，其作用主要有以下几方面：

第一，遵守同一律是正确认识事物的必要条件。人们在认识事物的过程中，总是离不开概念、命题、推理等思维形式，概念、命题、推理构成人们的基本知识和知识体系并进而形成科学的理论体系。如果我们不能在确定、同一的意义上使用概念和命题，就无法形成对于事物的正确认识。

第二，遵守同一律有助于人们正确地交流思想。在日常交际和交流思想的过程中，必须准确地表达思想，这就要求人们遵守同一律，保持所使用的概念和命题的确定、同一。如果违反了同一律，就会造成概念混乱，思想模糊，从而无法有效地进行思想交流。

第三，同一律是反驳谬误和揭露诡辩的有力武器。谬误和诡辩最主要的表现是思想模糊、概念混乱，或故意颠倒黑白，混淆是非。掌握同一律、运用同一律就可以从思想的同一性方面反驳谬误，揭穿诡辩。

第四，在法律工作中，遵守和运用同一律具有极为重要的作用。在立法工作中，同一律是保证立法严肃性的重要工具。因为法典的制定是一门科学。法典应当是体系完整、结构严密的体系。这必然要求其所使用的概念和命题必须含义确定、清楚明确，以便于人们掌握和执行。在法律的解释中，也要求任何法律解释都要与法律自身含义保持同一。在执法过程中，为了保证法律自身的同一性，也不允许按照个人的理解解释法律和按照个人对法律的体会办案，而只能按照法律规定的原意执法。制作司法文书，也必须遵守同一律。比如，判决书的罪名概念要与法律条文保持同一，笔录必须保持原话原意，不能用自己的思想代替，等等。

7.4.2 矛盾律

矛盾律指在同一思维过程中，互相否定的思想不能同时是真的。

1．矛盾律的基本内容

矛盾律的基本内容是：在同一思维过程中，两个互相否定的思想不能同真，必有一假。可以用公式表示为："A 不是非 A"，即"$\neg(A \wedge \neg A)$"。

2．矛盾律的基本要求

从矛盾律的内容，我们可以引申出关于矛盾律的两点基本要求：

(1) 在词项方面，矛盾律要求在同一思维过程中，不能同时用两个相互否定的词项，"A"和"非 A"指称同一对象。比如，我们不能同时说张三既是"犯罪嫌疑人"又是"非犯罪嫌疑人"，也不能同时认定某犯罪行为既是"抢夺罪"又是"抢劫罪"，否则，就会出现逻辑矛盾。

(2) 在命题方面，矛盾律的要求是不能同时肯定两个互相矛盾或互相反对的命题同真，必须肯定其中有一个是假的。例如：

①李平是优秀律师。

②李平不是优秀律师。

③本案所有的材料都是可信的。

④本案有的材料不是可信的。

⑤本案所有的材料都是不可信的。

⑥本案所有的材料都不是可信的。

⑦如果甲的陈述可靠，那么，乙是作案人。

⑧甲的陈述可靠，但并非乙是作案人。

上例中，例①与例②、例③与例④、例⑦与例⑧都是具有矛盾关系的命题，例⑤与例⑥是具有反对关系的命题，根据矛盾律的要求，都不能同时加以肯定。

3．违反矛盾律产生的逻辑错误

违反矛盾律产生的逻辑错误就是"自相矛盾"。

需要注意的是，在现实的思维过程中，违反矛盾律的要求所产生的逻辑矛盾表现形式是多种多样的，有的是赤裸裸的，两个互相否定的命题紧紧相连，有的常常是相隔甚远，需要经过推导才能发现。比如，在基督教神学理论中，有上帝创世说。其内容是，上帝在海边边走边想如何来创造世界，最后他命令一个小鬼沉下海去，从海底拿出一块泥土。世界就是上帝用这个小鬼从海底拿来的这块泥土创造出来的。从表现上看，这种理论并没有什么问题。但是如果作一些深入的分析，就会看出这种理论含有明显的逻辑矛盾：世界既然是上帝创造的，那么在上帝创造世界之前，世界是不存在的，海与泥土也是不存在的；但是，上帝又是用海底的泥土创造了世界，那就是说在上帝创造世界之前，世界已经是存在的，上帝创造世界是荒诞无稽的。由此，我们必须一方面在自己的思想、言论中尽量避免自相矛盾，另一方面善于运用矛盾律揭露他人思想和言论中的逻辑矛盾。

矛盾律保证思维无矛盾性即思维的前后一贯性，从而是保证正确思维的必要前提。

矛盾律对思维无矛盾性的要求广泛地运用于一切科学领域之中。任何科学理论都不应包含逻辑矛盾，遵守矛盾律是构造科学体系的起码要求。科学也常常是在发现逻辑矛盾，逐步排除逻辑矛盾的过程中发展的。

7.4.3　排中律

排中律指在同一思维过程中，两个互相否定的思想必有一个是真的。

1. 排中律的内容

排中律的内容是：在同一思维过程中，两个互相矛盾的思想不能都假，必有一真。排中律可以用公式表示为“A或者非A”，即“$A \vee \neg A$”。

从排中律的内容可以看出，排中律与矛盾律作为逻辑思维的基本规律，二者是有其不同适用范围的。矛盾律适用于不可同真的两个命题，即适用于具有矛盾关系或反对关系的两个命题；排中律适用于两个不可同假的命题,即适用于具有矛盾关系或下反对关系的命题。

2. 排中律的基本要求

根据排中律的内容以及排中律与矛盾律的区别,我们可以将排中律的要求概括为以下两个方面:

(1) 在词项方面,排中律要求在同一思维过程中,在用两个具有矛盾关系的词项指称同一对象的情况下,必须承认其中有一种情况是真的,而不能对两者都加以否定。例如,不能既否定刘某的行为是"重婚罪",又否定刘某的行为是"非重婚罪",而必须承认刘某的行为或者是"重婚罪",或者是"非重婚罪",二者必居其一。

(2) 在命题方面,排中律要求在同一思维过程中,不能同时否定两个具有矛盾关系或下反对关系的命题,必须肯定其中有一个是真的。例如:

①某人正当防卫超过一定限度。

②并非某人正当防卫超过一定限度。

③有些证人是诚实的。

④所有证人都不是诚实的。

⑤某甲和某乙都是凶手。

⑥或者某甲不是凶手,或者某乙不是凶手。

⑦有盗窃罪是故意犯罪。

⑧有盗窃罪不是故意犯罪。

上例中,例①与例②、例③与例④、例⑤与例⑥均是具有矛盾关系的命题;例⑦与例⑧是具有下反对关系的命题。根据排中律的要求,都不能同时加以否定,而必须肯定其中之一是真的。

3. 违反排中律产生的逻辑错误

在同一思维过程中,如果对两个互相矛盾的思想既不承认这个,又不承认那个,就违反了排中律的要求,违反排中律的要求所产生的逻辑错误被称为"模棱两不可"。

违反排中律的原因或者是由于在"是"与"非"面前含糊其词,持骑墙态度;或者由于认识模糊,把具有矛盾关系的思想混为一谈。

违反排中律而产生的“模棱两不可”错误,有的明显一些,有的隐蔽一些。比如,在一次关于有无鬼神问题的讨论中,基本意见有两种:大多数人认为无鬼,少数人认为有鬼。有人提出了第三种意见,认为既不能承认有鬼,也不能承认无鬼,对于这个问题要具体分析,因人而异。第三种意见,看起来貌似客观,还提出了所谓的“具体分析”,其实质仍然是违反了排中律。因为有鬼与无鬼是互相矛盾的命题,二者必居其一,不可能有第三种选择。

4. 排中律的作用

排中律的主要作用在于保证思想的明确性,在一定意义上,排中律比矛盾律更接近真理。因为矛盾律所遇到的命题,其中不一定有真命题,但排中律遇到的命题,其中必有一个是真的。所以排中律要求人们在含有真命题的两个命题中不能持完全否定的态度,即“两不可”,必须承认其中一个是真的,并进一步去探索这个真的命题。

排中律的另一个重要作用在于它是揭露“骑墙居中”“模棱两不可”逻辑错误的有力武器。在日常生活中,对于玩弄含糊其辞,用“模棱两不可”来回避明确回答问题的手法,要运用排中律旗帜鲜明地进行驳斥。

在法律工作中,排中律也具有极为重要的作用,在立法工作中,如果忽视排中律,制定出的法律不明确,作为行为准则,就无法遵循。在司法人员办案的过程中,要做到有法必依,执法必严,就必须对当事人的行为作出明确的断定:或者合法,或者非法;或者有罪,或者无罪。而不能模棱两不可,含糊其辞。

排中律是人们正确思维必须遵守的逻辑规律,它对于保证人们思维的明确性具有极为重要的作用。但是,排中律只是正确思维应遵守的规律,它并不否认客观事物本身有可能存在两种以上的情况,也不否认事物发展过程中存在着某种过渡和中间状态。如果我们将排中律的要求绝对化,就有可能导致形而上学的非此即彼的思维方式。同时排中律也不排除人们对事物尚未明确而采取的“二不择一”

的态度。在人们对事物尚未认识充分、准确之前,采取既不肯定也不否定的态度并不违反排中律的要求。另外,排中律也不适合处理"复杂问语"的问题。所谓"复杂问语",是指一种不正当的问语,它隐含着对方没有承认或根本不能接受的假设。对复杂问语的回答,不论是肯定还是否定,其结果都得承认这个错误的假设。比如,某法官问某被告人:"你去E地之前在做什么?"这就是一个复杂问语,其假设是"该被告人曾去过E地"。无论被告人回答"做了什么"或"没做什么",其结果都等于首先承认了去过E地。复杂问语有诱供之嫌,所以在司法实践中不要使用复杂问语。

7.4.4 充足理由律

充足理由律的公式是:A真,因为B真并且B能推出A。式中的"A"代表在论证中被确定为真的命题(观点、论点、论题等通常都是使用命题表达的),我们把它称为推断;"B"代表用来确定A真的命题(它可以是一个命题,也可以是一组命题),我们把它称为理由。在论证过程中,推断A所以能够确定为真,一定还存在着另一个(或另一组)命题B,并且从B真可以推出A真。如果B真并且从B可以推出A,那么我们称B是A的充足理由。

根据充足理由律,在论证过程中,如果一个推断被确定为真,那么这个论证一定为这个推断提供了充足理由;反之,如果一个论证没有为它的推断提供充足理由,那么这个推断的真实性是没有保证的,也是别人难以接受的。例如:

①"寻找"是动词,因为它能带宾语,而凡能带宾语的词都是动词。

②物体加热后体积膨胀。因为,如果在压力不变的条件下,物体加热后分子之间的距离会加大,而分子间的距离加大时物体体积会膨胀。

在例①中,"'寻找'是动词",是被确定为真的命题,即推断A。"凡能带宾语的词都是动词"与"'寻找'能带宾语"是已经被确定为真的命题,并且从这两个命题必然能推出前面的推断,因而,这两个命题就是推断 A 的充足理由 B。因为有了充足理由,所以“寻找”是动词这一命题也就被确定为真。

在例②中,推断 A 是“物体加热后体积膨胀”,而“物体加热后分子间的距离会加大”和“分子间距离加大时物体体积会膨胀”这两个命题构成充足理由 B,因为这两个命题真,并且从这两个命题出发可以必然地推出 A,所以这两个命题就是推断 A 的充足理由 B。

和其他的逻辑规律一样,对于充足理由 B 到底是否为真,充足理由律是保证不了的,这是由哲学、各门具体科学,归根到底是由人们的社会实践所决定的。这条规律只是从逻辑的角度提出要求,对从 B 到 A 的推断加以规范,而不能具体地确定哪个理由为真,哪个理由为假。

根据充足理由律,要确定某一推断(观点、论断、论题等)的真实性,必须寻找充足理由。在什么情况下,理由 B 是推断 A 的充足理由呢? 首先,要有理由。其次,理由是真实的,即理由 B 应该是已经被确认为真的。因此作为理由的命题应该是已经被实践证明了的公理或者已经被确认为真的科学原理、定理,或者是明显的事实。最后,理由 B 和推断 A 之间应该有必然的逻辑联系,从理由可以推出推断。

违反了充足理由律的要求,就会出现以下几种逻辑错误:

“毫无理由”。这种错误的逻辑特征是对自己所持的论点不作任何论证,不给任何解释。例如,一些宗教信徒认为上帝的存在是无须证明的。生活中经常有一些蛮不讲理以势压人的人,认为他们的话一经讲出,就是真理,没有必要为之提供理由,这些就是犯了“毫无理由”的逻辑错误。

“虚假理由”。这种错误的逻辑特征是,虽然给出了论证的理由,但理由却是虚假的。例如,在《狼和小羊》这则寓言故事中,狼要吃小羊,提出一条理由是小羊把河水弄脏了,害得它不能喝水。对狼提出的理由,小羊反驳说:“你在上游,我在下游,我怎么会把你喝的水弄脏呢?”小羊的反驳,从逻辑上说,就在于它揭露了狼所犯的“虚假理由”的错误。

“推不出”。这种错误的逻辑特征是，尽管所给出的理由是真实的，但理由与推断之间没有逻辑上的必然联系，即从理由出发不能逻辑地推出推断。例如：

③他学习不用功。因为，只有学习用功，才能考上大学；而他没有考上大学。

在这个论证中，尽管对“他学习不用功”这个推断给出了理由，并且理由也是真实的，但理由和推断之间并没有逻辑上的必然联系，即从“只有学习用功，才能考上大学”和“他没有考上大学”出发，推不出“他学习不用功”的结论。

在有的论证中，也会出现由于理由不够或论据不足而推不出推断的情况。在这种情况下，往往需要补充论据以强化理由，使之成为充足理由。在逻辑考试中，凡要求从答案中选出最能支持题干的观点、意见、结论或推断的，都属于此类情况。例如：

④如果缺乏奋斗精神，就不可能有较大成就。小赵有很强的奋斗精神，因此，他一定能成功。

下述哪项为真，则上文推论可靠？

A. 小赵的奋斗精神异乎寻常。

B. 不奋斗，成功只是水中之月。

C. 成才、成功者都有一番奋斗的经历。

D. 奋斗精神是成功的唯一要素。

E. 成功者的奋斗是成功的前提。

题干中的推断是“小赵一定能成功”，理由是“如果缺乏奋斗精神，就不可能有较大成就”和“小赵有很强的奋斗精神”。从逻辑上分析，题干所给出的理由是推不出推断的，要想推出这个推断，必须补充理由。在五个答案中，只有答案 D 补充进去，才能构成题干的推断的充足理由，因为奋斗精神是成功的唯一要素（只要有奋斗精神，就一定能成功），小赵有奋斗精神，所以，小赵一定能成功。

7.5　论证理论

论证有广、狭两义，狭义的论证即证明，而广义的论证包括证明与反驳。

7.5.1　证明概述

1. 证明

证明就是从一些事实命题（论据）出发，经过推理确定另一个命题（论题或论点）真实性的逻辑方法。例如：

①将委托代为保管的财物、他人的遗忘物或埋藏物非法占为己有，数额较大，拒不退还交出的，为侵占罪。本案中出租汽车司机王某，将他人遗忘在出租汽车上的价值30000元的财物非法占为己有，在其所有人要求交出时拒不交出，因而符合法律关于侵占罪的规定，构成侵占罪。

②侵权行为就是行为人就其对他人的人身权和财产权利造成的损害，依法应当承担过错责任或者无过错责任的行为，依照我国民法通则的规定，动物侵权为特殊侵权行为，动物的饲养人或管理人应负无过错责任。本案中花公鸡的饲养人张某未尽应有的管理义务，致使花公鸡啄伤邻居家的小孩，构成动物侵权行为，故应负侵权的民事责任。

以上两例都是逻辑证明。在法律工作当中，论证的方法是被经常采用的。公安机关的提请逮捕决定书，检察机关的逮捕决定书、起诉书、公诉词，人民法院的判决书等都需要逻辑证明的充分运用。

虽然实践检验在确定某一论断的真实情况方面具有相当重要的作用，而且往往与逻辑证明交织在一起，但实践检验不能代替逻辑证明。一方面，科学理论的建立需要理性推演的逻辑证明。不仅科学命题的提出是一个逻辑的推演过程，而且已被实践检验的某种认识也只有借助于逻辑证明才能完成由实践到理论的过渡。另一方面，逻辑证明还是人们获取新知的重要手段。人们可以在已有知识的基础上，通过论证，获得新知识。

2. 证明的结构

证明由论题、论据和论证方式三个要素组成。

论题是需要通过论证确定其真实性的命题，即逻辑证明所要证明的对象。论题在文章中通常称为论点，它回答“要证明什么”这一问题。论题可以是科学上已被证明的命题（如科学定理），也可以是科学上尚待证明的命题（如科学假说），但不可以是已被证实为假的命题。

论据是用来作为论题真实性的根据的命题，即支持论题的理由和根据。论据用来回答“用什么来证明”的问题。论据一般有两类，既可以是已被证明为真的理论论据，如一般性的科学原理、原则、公理、定理等，也可以是已被确定为真实的论据。在证明过程中，理论论据和事实论据往往是结合运用的，即摆事实和讲道理的综合运用。

论证方式是论据和论题的联系方式，即证明中从论据推出论题的推理形式。论证方式是回答“怎样证明”这一问题的。逻辑证明的过程即是一个推理过程，其要借助于一定的推理形式来完成。例如：

①罪犯张某是应该被剥夺政治权利的。因为张某犯的是危害国家安全罪。而所有的危害国家安全的罪犯都是要被剥夺政治权利的。

②对待文化遗产应采取批判继承的态度。对待文化遗产的态度，要么是全盘继承，要么是虚无主义，要么是批判继承。全盘继承，不分精华和糟粕，不能推陈出新，文化不能发展；虚无主义，割断历史，违背文化发展的规律，文化同样不能发展；只有批判继承，才符合物质辩证发展的法则，扬弃糟粕，吸取精华，促进文化繁荣。

例①中“罪犯张某是应该被剥夺政治权利的”是论题，“张某犯的是危害国家安全罪”和“所有的危害国家安全的罪犯都是要被剥夺政治权利的”是论据。例②中“对待文化遗产应采取批判继承的态度”是论题,除这一论题以外的都是论据。逻辑证明的论证方式可以只有一个推理形式,也可以采用一系列的推理形式。例①的论证方式是一个三段论,例②的论证方式是一个选言推理和三个假言推理。

在论证过程中,由论据推出论题的论证方式可以是多种多样的,而我们应当选用简单明了的论证方式。

值得注意的是,严格的逻辑证明仅仅是指演绎证明,非演绎的或然性推理不能用于严格的逻辑证明。此外,证明与推理虽然有密切的关系(推理是证明的工具,证明是推理的运用,而且二者的结构是相同的),但二者仍有明显的区别:推理的目的在于探求未知,而证明的目的则在于确定某一命题的真实性;推理的有效性只与推理的形式有关,与推理的内容无关,而证明不仅要求论证形式的正确性,同时要求论据是真实可靠的;推理的过程是由已知的前提出发,进而得出未知的结论的过程,而论证的过程是先有已知的论题,而后为论题的真实性寻找理由和根据。

3. 证明的方法

证明根据其方法的不同,可以分为直接证明和间接证明。

(1) 直接证明。直接证明是用论据的真实性直接推出论题的真实性的证明方法。直接证明是最重要、最常用的一种证明方法,而且在司法工作领域的运用是十分广泛的,如起诉书、判决书的制作都必须运用直接证明的方法。

例如,有一份起诉书这样写道:“被告王理以非法占有为目的,秘密窃取他人钱财,数额较大,其行为已触犯了《中华人民共和国刑法》第二百六十四条之规定,构成盗窃罪,应当追究刑事责任……”即运用了直接证明的逻辑证明方法。

直接证明的特点是:论题直接从论据中推导出来,论据蕴涵论题,论据真则论题必真。

(2) 间接证明。间接证明是通过证明其他命题的虚假性,从而确定论题真实性的逻辑证明方法。间接证明方法通常包括反证法和排除法(选言证法)两种。

①反证法。反证法就是通过证明与原命题相矛盾的反论题的虚假性来确定原论题真实性的间接证明方法。反证法的证明步骤为：先设定一个与原论题相矛盾的反论题；然后证明反论题为假，通常是用假言推理的否定后件式推出矛盾或者荒谬，从而推翻反论题；最后，根据排中律，确定原命题的真实性。

反证法的证明过程为：

论题：p
反论题：非 p
证明：如果非 p，那么 q
非 q
所以，非非 p
所以，p

反证法在司法人员和律师的工作中经常运用。如在一起民事诉讼中，基本案情为：原告张某被被告的摩托车撞伤后被送往医院，在医院治疗期间因医疗事故而感染了传染病死亡。为此，原告的近亲属要求被告承担侵害生命权的侵权责任，则必须满足法律关于侵权责任构成要件的规定，即必须满足被告的行为违法、此一违法行为造成了损害、违法行为与损害之间要有因果关系等要件。而本案中被告摩托车撞伤原告的行为与原告的死亡之间并无民法上的因果关系，因而不应承担侵害生命权责任。

值得注意的是，反证法的原论题与反论题必须是矛盾关系，而不能是反对关系。此外，运用反证法的关键在于确定反论题为假，即由反论题推出的结论应是荒谬的，如与公理、定理、定义矛盾，与已知的事实矛盾，与已知的条件矛盾或者自相矛盾。反证法的优点在于其证明过程的简单明了和证明结论的无可置疑，尤其是在司法实践中，当没有足够的证据证明原论题的真实性，但有足够的证据证明反论题的虚假性时，更能体现出反证法的优越性。

②排除法。排除法也称为选言证法，是通过证明选言命题所包含的除论题所指的可能性外，其余可能都是虚假的，从而推出论题真

实性的间接证明方法。其证明步骤为:先找出与原论题有关的所有可能性,构成一个选言命题,其次证明原论题外的其他所有选言支不成立,从而根据选言推理的否定肯定式,推出原论题为真。

排除法的证明过程为:

原论题:p
证明:或 p,或 q,或 r
非 q,非 r
所以,p

例如:

③此处国有土地的有偿出让只能采用双方协议的出让方式。因为根据有关法律的规定,国有土地使用权的出让应当采用协议、拍卖或者招标的方式。但由于不具备条件,招标和拍卖的出让方式无法采用,故只能采用协议的出让方式。

上述例子即运用了排除法的间接证明方法。首先列举了法律所规定的国有土地有偿出让的所有可能的三种方式,而后排除了其中两种方式适用的可能性,从而证明了只能用协议的方式出让的论题。

运用排除法这种证明方法时,应注意构成选言命题的选言支的穷尽性,这是保证结论真实可靠的基础。在司法实践中,由于选言支的穷尽十分困难及排除大部分选言支的工作也相当复杂,因此独立运用这种方法的情形比较少见。但在侦查中,排除法的运用对缩小侦查范围、确定侦查方向具有重要的意义。

4. 证明的规则

证明的基本要求是证明要具有说服力,而遵守证明的规则是保证证明具有说服力的基础。由于证明是由论题、论据和论证的方式三要素组成的,因而证明的规则就是关于这三要素的规则。

(1) 论题应当清楚、明确,不能含糊其词、具有歧义。

论题是证明的对象,证明的目的即在于确立论题的真实性。因此,清楚、明确的论题是证明的前提和基础。只有论题清楚、明白,才能使论证有的放矢,达到证明的效果。如果论题本身不明确,不仅使证明者自身的证明失去中心、漫无边际，而且使听众产生歧义、思想混乱，根本无法达到证明的效果，而且在争论中往往产生不必要的误解。违反证明的这一规则将导致“论题不清”的逻辑错误。

为了使论题确切、明白，证明者在对论题进行表述时，应尽量选用意义明确的词语，对于一些关键性的概念，往往需要进一步作出明确的界定。

（2）论题应当保持同一，不得偷换或转移论题。

证明的这一规则要求同一证明中的论题只能有一个，而且整个论证应始终围绕其进行，不得改变。违反证明的这一规则将导致“偷换论题”或“转移论题”的逻辑错误。

在证明中常见的“偷换论题”的逻辑错误主要是“证明过多”和“证明过少”，前者是指证明中实际证明的并不仅仅是论题本身，而是一个比论题断定较多的命题，后者是指证明中论证的命题比应证明的论题断定较少。

（3）论据应当是已被确认为真的命题。

论据是被用来证明论题真实性的命题，论题的真实性要从论据的真实性中推论出来，如果论据自身的真实性未卜甚至虚假，则使论题真实性的基础丧失，从而论题无法得到有效证明。在证明中，如果以虚假的命题作为论据，将导致“虚假理由”的逻辑错误。在证明过程中，也不能以各种捕风捉影、道听途说的材料或科学假说等真假未定的命题作为论据，否则将导致“预期理由”的逻辑错误。

（4）论据的真实性不应依赖于论题的真实性。

在证明过程中，论题的真实性是从论据的真实性中推导出来的，如果论据自身的真实性要靠论题来证明，即意味着论题本身也没有得到论证。违反证明的这一规则将导致“循环论证”的逻辑错误。

（5）从论据应能推出论题。

证明的这一规则也即要求论证方式必须合乎推理的规则，论据与论题之间具有必然的逻辑联系，从论据能够合乎逻辑地推出论题。违反证明的这一规则将导致“推不出”的逻辑错误，“推不出”的具体表现形式主要有：

① 论据不充分。所谓论据不充分，是指虽然所提出的论据对于证明论题的真实性来说是必要的，但却不充分，即除了已提出的论据外，尚需提出其他的论据，方可推出论题的真实性。

例如，在一起离婚诉讼案件中，原告的代理律师认为原被告双方系一见钟情而草率结婚，感情基础不深厚，婚后不久即彼此发现与对方个性不相投，常为一些家庭琐事而争吵不休。因此认为夫妻感情确已破裂，无法继续共同生活，请求解除婚姻关系。在此案例中，原告代理律师的理由并不充分。虽然一见钟情草率结婚以及彼此个性不相投是离婚的理由，但仅此并不是认定夫妻感情确已破裂的充分理由。

② 论题与论据不相干。所谓论题与论据不相干，是指论据与论题之间根本不存在逻辑关系，从论据的真实性并不能推出论题的真实性，也即论据与论题风马牛不相及，理由不成其为理由。

例如，在一起马踢伤行人的侵权诉讼中，马的主人提出了他的马平素很温顺，这次踢人是由于一只麻雀飞过所致等理由。这就犯了论题与论据不相干的逻辑错误。因为在动物侵权时，动物的饲养人或管理人负无过错责任，而动物平素温顺以及麻雀飞过等不成其为理由。

7.5.2 反驳

1. 反驳的概念

反驳是运用真实命题来确定某一命题为假或某一论证不能成立的逻辑推演过程。

反驳与证明是相辅相成的。“不破不立”，证明是确定某一命题的真实性，从而为“立”；而反驳则是确定某一命题的虚假性，从而为“破”。在一定意义上可以说，反驳是一种特殊形式的证明。毛泽东同志说过：“正确的东西总是在同错误的东西作斗争的过程中发展起来的。真的、善的、美的东西总是在同假的、恶的、丑的东西相比较而存在,相斗争而发展的。”证明与反驳在论证过程中往往是交互使用的,只不过其侧重点不同而已。

2. 反驳的结构

与证明的结构一样,反驳也是由三个部分组成的,即反驳的论题、反驳的论据和反驳的方式。

反驳的论题是被确定为假的命题,回答“要反驳什么”的问题。

反驳的论据是用来确定论题虚假性的命题,即反驳的根据和理由,回答“用什么来反驳”的问题。

反驳的方式是反驳过程中所运用的推理形式,回答“怎样反驳”的问题。

3. 反驳的对象

反驳的目的在于推翻对方的证明,由于证明是由论题、论据和论证方式三部分组成的,因此,反驳的对象也就无非是上述三者。

反驳论题就是通过反驳确定对方的论题是虚假的、不能成立的。

例如,在一起刑事案件的辩护中,某律师认为公诉机关指控被告犯有重婚罪的罪名不成立。其理由为:重婚罪是指有配偶又与他人结婚或者明知他人有配偶而与之结婚的行为。本案中李某虽然与有夫之妇王某存在事实婚姻关系,但李某在主观上并非有明知的故意状态,因而不构成重婚罪,应无罪释放。此案例中律师所做的无罪辩护即为典型的反驳论题的反驳方法。

反驳论据就是通过反驳确定对方的论据是虚假的或是没有得到证明的。

例如,在一起行凶案件辩护中,有证人举证证明案发的当时他正好路过现场,清清楚楚地看见行凶人的脸上有一个黑痣。被告人的辩护人认为,案发当时天色灰暗、能见度极低,证人距离作案现场至少在 30 米以上,而且在双方激烈搏斗的过程中,是根本无法看到脸上的小黑痣的,因而证人作的是伪证。此案例即为反驳论据的反驳方法。当然,论据虚假并不意味着论题必然虚假,因此,驳倒了对方论据的真实性并不能确定对方论题的虚假性。但由于论题的真实性是建立在论据真实性基础之上的，因而论据虚假即意味着论题是值得怀疑的。

反驳论证方式，就是指出对方的论据与论题之间不具有必然的逻辑联系，即对方的论证犯了“推不出”的逻辑错误。

例如，某镇司法助理员孙某在一次法律咨询中，就一起严重伤害案件提供了如下法律意见：“根据法律规定，侵害行为人对其侵害行为或者承担刑事责任，或者承担民事责任，既然已经承担了民事的赔偿责任，就可不再承担刑事责任。”此案例中司法助理员所提供的法律意见就犯了“推不出”的逻辑错误，孙某所运用的选言推理犯了“由肯定到否定”的逻辑错误，因而可以从论证方式的角度进行反驳。

虽然驳倒了对方论证的方式并不意味着驳倒了对方的论题，但存在“推不出”逻辑错误的论证是值得怀疑的，也是不能令人信服的。

4．反驳的方法

反驳根据其论据与论题联系方式的不同，可以分为直接反驳、间接反驳和归谬法。

（1）直接反驳。

直接反驳就是直接用真实命题确定某命题虚假的反驳方法。直接反驳是最主要、最常用的反驳方法。直接反驳常用的论证方式是根据对当关系中的矛盾关系或反对关系进行的推理。如对“结婚的最低法定婚龄一律为男22周岁、女20周岁”这一命题，可以用“有些民族自治地方的最低法定婚龄为男20周岁、女18周岁”这一命题进行直接反驳。

（2）间接反驳。

间接反驳又称独立证明的反驳方法，就是通过论证与被反驳的命题有矛盾关系或反对关系的命题的真实性，从而确定被反驳的命题为假的反驳方法。这是由于具有矛盾关系或反对关系的命题是不能同真的，因而只要能够证明某一论题为真，则和它相矛盾或相对立的论题都只能是虚假的。

间接反驳的基本步骤为：首先，设定与被反驳的论题相矛盾或相对立的论题(反论题);然后,通过推理证明反论题为真;最后,根据矛盾律推出被反驳的论题为假。

反驳过程可表示如下:

被反驳的论题:p
反论题:非 p
证明:非 p 真
所以,p 假

例如,在对一起杀人碎尸案的侦破过程中,侦查人员先后发现了人身上下两半尸体。起初认为系一个被害人的尸体,但经过仔细辨认发现该两半尸体的性别并不相同,于是大部分侦查人员认为被害人为两个。而侦查员王某则对此产生了怀疑,经过科学鉴定,发现该两半尸体确系一个被害人的,只不过这位被害人为一个两性人而已。此案例中侦查员王某对大部分侦查人员认为“被害人为两个”的意见并不赞同,但他不是去直接反驳,而是通过科学鉴定证明一个被反驳论题相矛盾的命题,即“被害人为一个”的真实性,从而间接地证明反驳论题是虚假的。

(3) 归谬法。

归谬法是从被反驳的论题推出明显的荒谬结论,进而由否定错误的结论推出被反驳的论题虚假的反驳方法。

归谬法的基本步骤为:首先,假设被反驳的论题为真,并以其作为假言命题的前件,从而推出后件,构成一个充分条件的假言命题;然后,由这一假言命题的后件明显荒谬否定假言命题的后件,进而根据充分条件假言推理否定后件式否定前件,最终达到反驳的目的。由于归谬法具有这一特性,也称其为“以退为进,引入荒谬”的反驳方法。

归谬法的反驳过程可表示如下:

被反驳的论题:p

假设:p 真

证明:如果 p,那么 q

非 q

所以,并非 p 真

所以,p 假

例如,李某以非常低廉的价格从素不相识的一位行人手中买到了一辆山地车,后来车的所有权人王某要求归还,理由是该车系王某借给他人使用,该行人没有处分权。而李某却主张他应受善意取得制度的保护。王某的代理律师认为,如果李某受善意取得制度的保护,则意味着李某取得山地车时是善意的,即他不知道且不应知道出卖人不是山地车的所有人。而李某以非常低廉的价格从一位素不相识的行人手中"买得"山地车,这很难说他是善意的,因此李某不应受善意取得制度的保护,王某有权要求李某返还山地车。

上例中律师即运用了归谬法的反驳方法:首先假设反驳论题"李某应受善意取得制度保护"为真,然后推出"李某在买车时是善意的"这一后件,进而说明这一后件的荒谬,从而证明被反驳论题是假的,达到反驳的目的。

7.5.3　辩论

1. 辩论的意义

辩论也称为论辩,是人们为了消除争议、说服对方而在彼此之间所进行的证明与反驳的说理过程。

辩论是当人与人之间对于某个或某些问题的意见出现分歧或争议时,通过证明与反驳的说理过程说服对方,从而达到消除分歧和争议的一种方式。辩论虽然要运用证明,但证明并不仅仅用于辩论,辩论虽然也要运用反驳,但反驳的目的仅在于"破"不在于"立",而辩论则不仅要"破"而且要"立",辩论既不同于人们日常生活中心平气和的思想交流,也不同于宣泄感情的争吵,当然,辩论更不是独自一人的演讲。辩论具有彼此观点的对抗性、双方的相互制约性以及攻守并重等特征。辩论的基本目的在于明辨是非、探求真理。

由于辩论具有对抗性、互制性和攻守的随机应变性等特点，因此为了使辩论能够顺利进行，辩论双方都必须遵守一定的辩论规则。一般而言，辩论的规则主要有：

(1) 辩论中的双方都不得限制或阻碍对方自由地表达观点，既不能限制对方反驳的权利，也不能对对方的诘难作某些限制，否则将导致限制争论的谬误。例如，在辩论中不得诋毁对方，不得给对方施压，也不得把某一观点说成定论，是不可质疑的。

(2) 当提出论点的一方被要求证明其观点时，不得回避、搪塞，否则将导致回避证明的谬误。回避或搪塞问题的主要表现为同语反复和循环论证。

(3) 反驳对方的论点、论据、论证过程或维护自己的论点、论据，必须要有针对性，否则将导致混淆论证的谬误。常见的表现形式有偷换论点、偷换概念以及虚构对方的论证缺陷等。

(4) 辩论双方要正确对待隐含的论据，既不能强加或歪曲隐含论据，也不能不认隐含论据，否则将导致隐含论据相关的谬误。

(5) 辩论的双方都要正确对待辩论的出发点，既不能否认出发点，也不能用问句来设定或蕴涵一些虚假的出发点，否则将导致关于出发点的谬误。

(6) 辩论不能使用模糊不清或有歧义的言语，不能有词语歧义、语句歧义或语法歧义现象，否则将导致与语言相关的谬误。

(7) 辩论要使用有效的论证形式，不能有机械类比、草率概括等现象，否则将导致论证错误的谬误。

2. 辩论的技巧和方法

辩论需要辩论者具有宽厚的基础知识、敏锐的思维能力、娴熟的辩论技巧、良好的语言修养以及稳健的心理素质等。其中各种辩论技巧的成功运用往往是辩论成功与否十分重要的因素。由于辩论是论证与反驳的说理过程，因此掌握论证与反驳的规则和方法是辩论者应首先掌握的最为基本的辩论技巧与方法。下面仅仅介绍一些最常用的辩论技巧与方法。

(1) 事例论证法。

丘吉尔曾经说过:最有力的雄辩不是冗长的论证,而是举出必要多的实例。人们也经常说“事实胜于雄辩”。因此在辩论过程中,辩论者不仅要进行抽象的理论论证,而且要以具体的事例作印证。只有这样,才能使辩论生动有趣,成功地驾驭听众的注意与激情。

(2) 比喻说理法。

比喻说理法也称为喻证法,即“打比方”。比喻说理法是一种经常使用的辩论方法,如果运用得当,可以使抽象的、复杂深奥的理论、事理具体明白,浅显易懂。例如,德国法儒耶林以一个很形象的比喻说明过失责任的法理根据,他说:“使人负损害赔偿的,不是因为有损害,而是因为有过失,其道理就如同化学上的原则,使蜡烛燃烧的,不是光,而是氧气一般的浅显明白。”

(3) 类比说理法。

类比说理法是根据两个事物情况的相同或相似进行比较,从而由此及彼、依此类推的说理方法。例如,为了说明市场经济条件下政府应如何行为,有人主张在自由市场经济体制下,政府应当扮演“守夜人”的角色,其理由根据在于:寂静的夜晚,人们一般会根据自己的理性判断合理地选择休息,守夜人的职责仅仅是保护其安静的休息不要受到外力的侵害,在适当的时候通过敲钟提醒睡眠者,而不是主动干预睡眠者正常的休息;而在市场经济舞台上活动的主体同样是自己利益的最佳判断者,他们会根据自己的理性判断合理地安排自己的生活,因此政府也应像守夜人一样不要轻易干预市场主体正常平静的生活,而只能是保护市场上和谐平静的秩序、市场主体的安全以及适时提供一些市场必要的信息。

(4) 揭露矛盾法。

揭露矛盾法是指从对方的辩论中找出破绽、揭示矛盾的反驳方法。在辩论中,抓住对方陈述中的破绽进行反驳是十分有效的反驳方法,这也即我们经常所说的“以子之矛,攻子之盾”。例如,在刑事案件的侦查过程中,侦查人员往往是通过讯问犯罪嫌疑人,询问证人、被害人,发现其陈述中的矛盾之处,实现对案件的侦破的;在审判中,律师、法官也往往是通过反复发问、多次发问的方式揭露当事人或证人陈述中的矛盾的。

(5) 二难设辩法。

二难设辩法是二难推理在辩论中的具体运用,其方法为:辩论的一方提出一个选言前提,即断定事物情况的两种可能性,并由此引申出两个使对方都难以接受的结论,从而使对方陷于进退两难的境地。

(6) 以退为进法。

以退为进法是指辩论者在遭到对方的诘难时,通过假退让、实推进的方法,达到麻痹对方,然后乘对方在不备的状态下展开反击的辩论方法。以退为进法在辩论中被广泛运用,尤其是在法庭辩论中,律师往往以表面上暂时的退却隐藏实质上的反击。例如,在一次刑事辩护中,被告的辩护律师作了如下的辩护:“面对一个生命终结的悲惨事实,尤其是其家庭的不幸和痛苦,我作为被告人的辩护人,对此深表同情和无比的愧疚。但律师的天职使得我必须要用事实和法律去公正地评判被告人的行为是否构成了犯罪。由于本案中被告根本没有犯罪的故意或过失,不符合犯罪的构成要件,因而我认为被告不构成犯罪,法庭应当无罪释放。现提出如下具体辩护意见……”

以上介绍了几种常见的辩论技巧与方法,除此之外,辩论技巧还有难题转嫁法、反推辩论法等,这里不再一一介绍。

7.6 谬误理论

谬误有广义和狭义的区分。广义的谬误跟真理相对,是指与客观实际不一致的认识。狭义的谬误是指违反思维规律或规则的议论,特别是指推论中的逻辑错误。

跟谬误有联系的一个术语是诡辩。诡辩是一种论证,是违反逻辑规律或规则的似是而非的论证。作为诡辩的论证,或者论题虚假,或者论据虚报,或者推理形式非有效。

谬误可以分为形式的和非形式的两种。形式谬误是指结构上的谬误,一般来说,有一种有效的推理形式,就有一种不符合这种推理形式要求的谬误。如充分条件假言推理的肯定后件式的逻辑错误就是一种形式谬误,因为否定后件式是充分条件假言推理的有效式。

非形式谬误是有关内容、实质的谬误,它一般分为相关、歧义性和论据不足等类型。

7.6.1　相关谬误

相关谬误指论证的论据与论题在心理上相关,而不是在逻辑上相关。正确的论证应该立足于论据与论题的逻辑相关,论据在逻辑上支持论题,由论据可逻辑地导出论题真。在相关谬误中,论证者利用语言表达情感的功能,以言词来激起人们心理上的恐惧、敌意、怜悯或热情,引诱人们接受其论题。相关谬误主要表现为诉诸权力、人身、权威、无知、怜悯、众人等。

诉诸权力指论证者借助强力或威胁,迫使人接受其论题。例如,"我是你的上级,难道你还不相信我的话吗?"

诉诸人身指用论证者自身或别人在人身即人格或处境上的优势作为论据来论证某一个命题的真理性:论题和论据之间只具有心理上的相关性,并不具有逻辑上的相关性。如"某某人格高尚,他的话可信",事实上人格高尚的人说话未必全对。

诉诸权威指在论证中以本人或他人的权威为根据论证某一论题。诉诸权威是诉诸人身的一种情况。例如,"地心说"是不能怀疑的,因为亚里士多德就是这么认为的。

诉诸无知指以人们对某一命题的无知为根据,从而断言该命题是真的。例如,鬼是存在的,因为还没有人能够证明鬼是不存在的。

诉诸怜悯也称诉诸情感,即借助于打动人们的怜悯心、同情心,诱使人们相信某一命题。例如,学生李某数学未考好,她找到老师说:“如果您给我不及格,我的奖学金就没了。”

诉诸众人指援引众人的意见、见解、信念或常识等来进行论证。例如,鬼是存在的,因为很多人都说见到过鬼。

人身攻击指以某人在人格或人身上的缺陷或不足作为反驳他所持的某一个论点的论据。人身攻击也是诉诸人身的一种情况。例如,他曾经犯过错误,他说的话不可能是真的。我们通常说:“不能因人以废言”,某人虽然过去曾犯过错误,但他现在所讲的话却未必假。

7.6.2 歧义谬误

语言是思维的工具,是人类重要的交际工具。它有传递信息、交流感精、影响态度、给出指示、引导行为等功能。要顺利发挥语言的功能,实现成功的交际,就应该使语言具有清楚明确的性质,避免各种歧义。违反语言明确性原则,就会导致各种歧义性谬误。

断章取义指在引用另一人的话时,使其脱离原来的语境,从而具有不同的含义。如有位评论家谈到一部小说时曾说:“我不喜欢这本书。也许在行至孤岛的情况下,没有了别的书,我才会喜欢它。”而出版商在引用这位评论家的话时,竟然说这位评论家“在行至孤岛的情况下”,仍然“喜欢它”,把原话中的贬义篡改成了褒义,显然是在断章取义。

稻草人指在论证过程中,通过歪曲对方来反驳对方,或者通过把某种极端的观点强加给对方以丑化对方,就像树立了一个稻草人做靶子,并自欺欺人地认为:打倒了稻草人就打倒了对方。例如,公司职员:“您有些事做得不对。”公司老总:“什么?你竟然认为我什么事都做得不对?”职员只是说老总“有些”事做得不对,老总却歪曲为“所有”事都做得不对。老总在回答中犯了“稻草人”的逻辑错误。

稻草人谬误也叫诉诸绝对。例如,甲很少撒谎,乙经常撒谎。正常判断:甲诚实,乙是骗子。但诡辩者说:甲绝对诚实吗?他从来不撒谎?乙是个绝对的骗子吗?他天天撒谎?要一分为二地看问题。

非黑即白指在两个极端之间不恰当地二者择一,这里黑白比喻两个极端。因为在黑与白之间,还有其他多种颜色作为中间体,而非黑即白的思考,却无视这些中间体的存在,把选择的范围仅限于黑和白两个极端,并不恰当地要求在这二者中择一。它又叫作简单二分法或两端思考。其论证形式是:因为不是黑的,所以是白的。

例如,公司秘书说:“老总,关于这项计划,有 20% 的人表示反对。”公司老总接着说:“既然 20% 的人表示反对,那就是说有 80% 的人赞成,就这样执行吧!”有 20% 的人表示反对,并不一定就意味着有 80% 的人是赞成此项计划的,因为很可能还有很多不表态的人。

7.6.3　论据不足

正确而理想的论证,其论据应该充分地支持论题。论据不足的谬误,是缺乏论据充分支持,而使论题不能成立的错误论证。

平均数指以平均数的假象为根据引申出一般结论的错误论证。例如,“既然这条河平均只有 0.5 米深,因此不可能淹死一个 1.7 高的人”就犯有“平均数”的错误。因为平均情况是这样,并非每一种情况都是这样。

数据不可比指用不可比的两个数据所进行的错误相比论证。如美国与西班牙作战期间,美国海军强调“海军的死亡率比纽约市民的死亡率还低”,纽约市民的死亡率是每千人 16 人,而尽管是战时,美国海军士兵的死亡率也不过每千人只有 9 人,于是刊登广告鼓励青年参加海军。可是,每千人有 16 人和每千人只有 9 人这两个数据是不可比的,二者具有明显的区别。因海军士兵是经过体格检查选拔出来的身强力壮的年轻人,而纽约市民中有不少婴幼儿、老年人和各种的病人。正确比较战时海军与普通市民的死亡率,应该选择同等条件的抽样,即在纽约市民中选择与海军士兵同样年龄和健康状况的数据,这样才能得出正确的结论。

小概率论证。最典型的是“塞翁失马,焉知非福”,本意是指一件事情往往具有两面性,有时看起来坏事也是好事,作为既成事实后的心理安慰,也无不妥。但这是一个利用小概率事件论证的诡辩,任何人不会做这样的现实行为选择,为了得马而失马,为了逃兵役而断腿。

7.7 预设理论

7.7.1 预设的概念

预设是一个命题中预先设定的东西,通常指交际过程中双方共同接受的东西。例如:

①包公的脸是黑的。

①′包公的脸不是黑的。

②那个黑脸的是包公。

②′那个黑脸的不是包公。

①和①′预设了包公的存在,而后两句则否。

预设特点:共知性。指预设必须是交际双方所共有的背景知识或无可争议的信息。

预设的共知性包括三种情况:

(1) 预设是人所共知的信息。例如,太阳距离地球1.5亿千米。预设:①存在着一个叫作“太阳”的星体;②存在着一个名为“地球”的星体;③距离、千米的意义。

(2) 预设是只为交际双方所共知的信息。例如,某两个同学之间说话以某本书的存在作为预设,那么就可能有下列对话。甲:“借到了吗?”乙:“没借到。”此时若有第三个人在场,而他不知该预设的话,可能会说:“什么没借到?”

(3) 可撤销性。这是指预设在一定条件下能够被取消。例如,“小张没能看到那场压轴戏”通常具备如下预设:小张看了这次演出。但是如果说成“小张没能看到那场压轴戏,因为他已经住了医院”,原先的预设就被撤销了。

7.7.2　预设的意义

传统的逻辑只有真、假两个值，为二值逻辑；而预设逻辑则有真、假和无意义三个值，是三值逻辑。用S代表一个特定的语句，非S表示它的否定形式，T表示它的预设，当S是真时，T也真；当非S是真时，T也真；但当T为假时，S和非S都是无意义的。例如：

鬼的脸是蓝的。

鬼的脸不是蓝的。

两个句子都预设了"鬼"存在，但由于实际上鬼并不存在，因此两句话都是无意义的。即只有T真，S和非S才有真假；如果T假，则S和非S无意义。

7.7.3　预设的应用

预设和语境都是语用学研究的重要内容，在我们用语言进行交际时得到了广泛应用。例如：

①战国时，有一天燕国国王大怒，下令把某大臣剐死。某大臣未犯大过失，众大臣明知国王命令不当却不敢进谏。勇敢又聪明的大臣晏子却站出来说："我来剐！"晏子拿刀准备剐时，忽然问国王："古圣先王剐人从何剐起？"燕王无言以答，想了一会儿后说："免了他吧。"这里，晏子的问话预设了古圣先王有剐人的论述，燕王想了一会儿，想不起古圣先王有剐人的论述。相反，古圣先王不赞成剐人。晏子巧用预设救了这大臣的命。

②三国时大将钟会去见名士嵇康，嵇正脱光衣服打铁，不理会钟，钟看一会离去时，嵇问："何所闻而来？何所见而去？"钟答："闻所闻而来，见所见而去。"

③宋朝几位哲学家坐而论道，一位问："雷从何处起？"另一位答："雷从起处起。"

④据说宋朝王安石的儿子小时很聪明，一长辈问他："笼中哪个是鹿？哪个是獐？"他答："獐旁是鹿，鹿旁是獐。"

例②③④中，当事者明知对方问句中包含有预设，他们或者不知如何回答，如例③④，或者不愿回答，如例②，都采取巧妙的回避态度。

7.7.4 预设在逻辑考试的应用

纯粹的预设在逻辑考试中很少，试题往往考的是对短文的语言理解，一般难度不大。例如：

①赵科长又戒烟了。

由这句话我们不可能得出的结论是：

A. 赵科长一直抽烟，且烟瘾很大。

B. 赵科长这次戒烟能够成功。

C. 赵科长过去的戒烟都没有成功。

D. 赵科长这次戒烟很难成功。

②艾森豪威尔烟瘾很大，烟斗几乎不离手。某天，他宣布戒烟，立刻引起轰动。记者们向他提出了戒烟能否成功的问题，艾森豪威尔回答说："我决不第二次戒烟。"下面各项都可能是艾森豪威尔讲话的含义，除了：

A. 在这次戒烟以前，我从没有戒过烟。

B. 我曾经戒过烟，但失败了。

C. 如果这次戒烟失败，我就不再戒烟。

D. 我相信这次戒烟一定成功。

预设在考试中往往与论证中的前提假设相结合，让考生在选项中寻找论证所必要的前提假设。寻找前提假设的试题，一种是寻找推理的前提，这时候，应该采取肯定带入法；而另一种是寻找论证的前提，这时候，应该采取否定带入法。

③Bell 制造业的工人很快就要举行罢工，除非管理部门给他们涨工资。因为 Bell 的总裁很清楚，为给工人涨工资，Bell 必须卖掉它的子公司。所以 Bell 某些子公司将会被出售。

如果假设下面哪一项，就可以合理地推出上面的结论？

A. Bell 制造业将会开始蒙受更多的损失。

B. Bell 的管理部门将会拒绝给它的工人们涨工资。

C. 在 Bell 制造业工作的工人将不会举行罢工。

D. Bell 的总裁有权力来满足给他的工人们要求的工资增长。

④画家 Peter Brandon 从来不在其作品上标注日期，其作品的时间顺序现在才开始在评论文献中形成轮廓。最近将 Brandon 的一幅自画像的时间定位为 1930 年一定是错误的，1930 年时 Brandon 已经 63 岁了，然而画中年轻、黑发的男子显然是 Brandon 本人，但却绝不是 63 岁的男子。

下列哪一项，如果假设合理，允许上面结论成立？

A. 在 Brandon 远未到 60 岁以前，他没画过明确标注日期的自画像。

B. 通过不给其作品标注日期，Brandon 试图使针对其作品的批评讨论抛开时间因素。

C. 最近以前，几乎没有什么针对 Brandon 作品的批评文献。

D. Brandon 在 63 岁时，不可能在画中将自己画成年轻时的样子。

批判性思维案例分析

[例1]　过去，我们在道德宣传上有很多不切实际的高调，以致不少人口头说一套、背后做一套，发生人格分裂现象。通过对此种现象的思考，有的学者提出，我们只应该要求普通人遵守“底线伦理”。

根据你的理解，以下哪一选项作为“底线伦理”的定义最合适？

A. 底线伦理就是不偷盗、不杀人。

B. 底线伦理是作为一个社会普通人所应遵守的一些最起码、最基本的行为规范和准则。

C. 底线伦理不是要求人无私奉献的伦理。

D. 如果把人的道德比作一座大厦，底线伦理就是该大厦的基础部分。

【解析】 答案是B。A项定义过窄,C项使用否定句下定义,D项以比喻代定义,因而都不合适。此题是2003年GCT的试题,直接涉及定义规则的相关知识。掌握这些知识有利于准确解题,但不熟悉相关知识并不妨碍正确答题。

[例2] 平反是对处理错误的案件进行纠正。

依据以下哪项能最为确切地说明上述定义的不严格?

A. 对案件是否处理错误,应该有明确的标准,否则不能说明什么是平反。

B. 处理错误的案件包括三种:重罪轻判、轻罪重判和无罪而判。

C. 应该说明平反的主体,平反的主体应该具备足够的权威性。

D. 对平反的客体应该具体分析。平反了,不等于没错误。

【解析】 答案是B。B项断定,处理错误的案件包括三种:重罪轻判、轻罪重判和无罪而判。对重罪轻判和轻罪重判的案件进行纠正,显然不属于平反;平反仅是对无罪而判的案件进行纠正。因此,把"平反"定义为"对处理错误的案件进行纠正",显然过宽而有失严格。其余各项的断定内容,即对案件是否处理错误应有明确的标准,平反的主体应该具备足够的权威性,对平反的客体应该具体分析等,涉及的是正确实施平反所要满足的条件,而不是平反这一概念本身的内涵,对平反下定义只需要揭示其内涵,不需要断定平反得以正确实施所要满足的条件。

[例3] 张教授:如果没有爱迪生,人类还将生活在黑暗中。理解这样的评价,不需要任何想象力。爱迪生的发明,改变了人类的生存方式。但是,他只在学校中受过几个月的正式教育。因此,接受正式教育对于在技术发展中作出杰出贡献并不是必要的。

李研究员:你的看法完全错了。自爱迪生时代以来,技术的发展日新月异。在当代,如果你想对技术发展作出杰出贡献,即使接受当时的正式教育,全面具备爱迪生时代的知识也是远远不够的。

以下哪项最恰当地指出了李研究员的反驳中存在的漏洞?

A. 没有确切界定何为"技术发展"。

B. 没有确切界定何为“接受正式教育”。

C. 夸大了当代技术发展的成果。

D. 低估了爱迪生的发明对当代技术发展的意义。

【解析】 答案是A。不难发现,“技术发展”这个关键概念的内涵,在张教授的陈述和李研究员的反驳中是不完全一致的。李研究员的反驳,把张教授所说的一般意义上的技术发展,不当地限定为当代的技术发展。这样,即使李研究员的断定成立,也不能说明张教授的断定不成立。A项恰当地指明了这一点。

[例4] 在H国2000年进行的人口普查中,婚姻状况分为四种:未婚、已婚、离婚和丧偶。其中,已婚分为正常婚姻和分居。分居分为合法分居和非法分居;非法分居指分居者与人非法同居;非法同居指无婚姻关系的异性之间的同居。普查显示,非法同居的分居者中,女性比男性多100万。

如果上述断定及相应的数据为真,并且上述非法同居者都为H国本国人,则以下哪项有关H国的断定必定为真?

Ⅰ. 与分居者非法同居的未婚、离婚或丧偶者中,男性多于女性。

Ⅱ. 与分居者非法同居的人中,男性多于女性。

Ⅲ. 与分居者非法同居的分居者中,男性多于女性。

A. 仅Ⅰ和Ⅲ　　B. 仅Ⅱ和Ⅲ

C. 仅Ⅰ和Ⅱ　　D. Ⅰ、Ⅱ和Ⅲ

【解析】 答案是C。该题涉及准确把握概念外延之间的关系。

与分居者的非法同居包括两种类型:第一,分居者和分居者同居;第二,分居者与非已婚者(未婚、离婚或丧偶者)同居。

由题干可知,非法同居是指异性之间的同居,因此,与分居者非法同居的分居者中,男性和女性各占一半。所以复选项Ⅲ为假。

由题干可知,非法同居的分居者中,女性比男性多100万,这说明与分居者非法同居的未婚、离婚或丧偶者中,男性多于女性。所以复选项Ⅰ为真。

与分居者非法同居的人,包括两部分,一部分是分居者,另一部分是未婚、离婚或丧偶者。上面已得出两个结论:第一,与分居者非法同居的分居者中,男性和女性各占一半;第二,与分居者非法同居的未婚、离婚或丧偶者中,男性多于女性。因此,可以得出结论:与分居者非法同居的人中,男性多于女性。所以复选项Ⅱ真。

[**例5**] 甲、乙、丙三人居一学生宿舍。甲报案遗失2000元。保安人员经过周密调查,得出结论是丙作的案。班主任说:“这是最不可能的。”保安人员说:“当所有其他的可能性都被排除了,剩下的可能性不管看来是多么不可能,都一定是事实。”

以下哪项如果是真的,将最为有力地动摇保安人员的结论?

A. 保安人员事实上不可能比班主任更了解学生。

B. 对非法行为惩处的根据,不能是逻辑推理,而只能是证据。

C. 保安人员无法穷尽地把握所有的可能性。

D. 丙是班上公认的品学兼优的学生。

【**解析**】 答案是C。保安人员得出“是丙作案”的结论的根据是他的推理:“当所有其他的可能性都被排除了,剩下的可能性不管看来是多么不可能,都一定是事实。”结论的可靠取决于两个条件:第一,推理正确;第二,前提真实。保安人员的推理是正确的,但C项的断定指出了保安人员推理的前提的不真实,从而有力地动摇了他的结论。B项不成立,因为题干涉及的是对非法行为的认定,而不是对非法行为的惩处。如果忽视了题干中“对非法行为的认定”和“对非法行为的惩处”这两个概念在内涵上的区别,B项会产生很强的干扰。

[**例6**] 一份犯罪调研报告揭示,某市近三年来的严重刑事犯罪案件60%皆为已记录在案的350名惯犯所为。报告同时揭示,严重刑事犯罪案件的作案者半数以上同时是吸毒者。

如果上述断定都是真的,那么,下述哪项断定一定是真的?

A. 350名惯犯中可能没有吸毒者。

B. 350名惯犯中一定有吸毒者。

C. 350 名惯犯中大多数是吸毒者。

D. 吸毒者中大多数在 350 名惯犯中。

【解析】 答案是 A。题干说的是“严重刑事犯罪案件的作案者半数以上同时是吸毒者”,而不是说“半数以上严重刑事犯罪案件的作案者同时是吸毒者”,因此以下情况是可能的:上述 350 名惯犯虽然作案的数量占了严重刑事犯罪案件的 60%,但人数只占严重刑事犯罪案件作案者的很小比例(例如 5%)。这样,虽然严重刑事犯罪案件的作案者半数以上同时是吸毒者,但 350 名惯犯中完全可能没有吸毒者。此题“半数以上”这个概念,限定的是“严重刑事犯罪案件的作案者”,而不是“严重刑事犯罪案件”。在关键概念的理解上发生偏差,会失之毫厘,差之千里。

批判性思维练习

1. 鲁迅的著作不是一天能读完的。《龙须沟》是鲁迅的著作,因此,《龙须沟》不是一天能读完的。

下列哪项最为恰当地指出了上述推理的逻辑错误。

A. 张冠李戴　　B. 循环论证

C. 以偏概全　　D. 偷换概念

2. 一个月了,这个问题时时刻刻缠绕着我,而在工作非常繁忙或心情非常好的时候,又暂时抛开了这个问题,顾不上去想它了。

以上的陈述犯了下列哪些逻辑错误?

A. 论据不足　　B. 循环论证

C. 偷换概念　　D. 自相矛盾

3. 有些人坚信飞碟是存在的。理由是,谁能证明飞碟不存在呢?

下列选择中,哪一项与上面的论证方式是相同的?

A. 中世纪欧洲神学家论证上帝存在的理由是:你能证明上帝不存在吗?

B. 神农架地区有野人,因为有人看见过野人的踪影。

C. 科学家不是天生聪明的。因为,爱因斯坦就不是天生聪明的。

D. 一个经院哲学家不相信人的神经在脑中会合。理由是,亚里士多德著作中讲到,神经是从心脏里产生出来的。

4. 学生上完体育课后回到教室,有 15 人喝饮水机里的纯净水,其中 5 人很快产生腹泻。饮水机里的纯净水马上被送去检验,检验的结果没有发现水中有造成腹泻的有害物质。因此,喝了饮水机里的纯净水不是造成腹泻的原因。

如果上述检验结果是正确的,则以下哪项对上述论证的评价最为恰当?

A. 题干的论证是成立的。

B. 题干的论证有漏洞,因为它没有考虑到另一个事实:那些没有喝饮水机里的纯净水的人没有造成腹泻。

C. 题干的论证有漏洞,因为它把缺少证据证明某种情况存在,当作有充分证据证明某种情况不存在。

D. 题干的论证有漏洞,因为它没有利用一个有力的证据:为什么有更多的人喝了饮水机里的纯净水没有造成腹泻。

5. 对同一事物,有的人说“好”,有的人说“不好”,这两种人之间没有共同语言。可见,不存在全民族通用的共同语言。

以下除哪项外,都与题干推理所犯的逻辑错误近似?

A. 甲:“厂里规定,工作时禁止吸烟。”乙:“当然,可我吸烟时从不工作。”

B. 有的写作教材上讲,写作中应当讲究语言形式的美。我的看法不同,我认为语言就应该朴实,不应该追求那些形式主义的东西。

C. 有意杀人者应处死刑,行刑者是有意杀人者,所以行刑者应处死刑。

D. 这种观点既不属于唯物主义,又不属于唯心主义,我看两者都有点像。

6. 一位教育工作者撰文表达了她对电子游戏给青少年带来的危害的焦虑之情。她认为电子游戏就像一头怪兽,贪婪、无情地剥夺青少年的学习和与社会交流的时间。以下哪项不成为支持以上观点的理由?

A. 青少年玩电子游戏,上课时无精打采。

B. 青少年玩电子游戏,作业错误明显增多。

C. 青少年玩电子游戏,不愿与家长交谈。

D. 青少年玩电子游戏,花费了家里的资金。

7. 董事长:虽然在H和I两国扩大投资确实有某种得到高额回报的前景,但是我们必须正视这两个国家政治上不稳定的现实。因此,我认为,本董事会不应批准目前在该两国扩大投资的议案,除非能提供对此更有说服力的论证。

董事长的上述议论最符合以下哪项原则?

A. 不能向政治上不稳定的国家投资。

B. 政治上的稳定性是向某个国家投资的首要考虑。

C. 向政治上不稳定的国家投资并非不可考虑。

D. 高额回报不是扩大投资的首要考虑。

8. 一个道德上好的行为必须具备能给他人带来益处和善意的动机两个条件。如果是有意伤害他人,或者是无意伤害他人但对他人构成伤害的可能性是可以预见的,在这两种情况下对他人造成伤害的行为就是道德上坏的行为。

以下哪项所论述的与上文中所给出的道德原则最接近?

A. P先生写了一封试图挑拨B先生和他女朋友之间关系的信。P的行为在道德上坏的,尽管这封信事实上起到了与他的动机截然相反的效果。

B. 为了安全晋升,J先生用他的业余时间解决积压的医疗索赔方面的案件。J的行为在道德上好的,因为他使S小姐的医疗请求得到了及时的补偿。

C. 大雪过后,T先生试图帮助他的邻居清扫路上的雪,不小心在台阶上留下了冰，由于这清楚地被看到的冰，他的邻居摔了一跤，因此，一个好行为却导致了一个坏结果。

D. S女士同意照看三岁的侄女，侄女玩的时候，由于S在全神贯注地交谈而没看见她跑到街上，结果侄女在街上被车撞了。尽管S无意伤害她的侄女，但她的行为却在道德上是坏的。

第 8 章　逻辑考试解题一般策略

8.1　能力型考试解读

8.1.1　能力型考试由来

能力型考试的模式来源于西方特别是北美。美国的 GMAT(工商管理硕士研究生入学考试)、GRE(研究生入学考试)、SAT(本科生入学考试)和 LSAT(法学本科生入学考试)等,都是能力型考试。这种考试测试考生的两种能力:语言文字能力和逻辑思维能力。这种考试包含几个部分。其中,批判性推理(Critical Reasoning)直接测试考生的逻辑思维能力,批判性阅读理解(Reading Comprehension)和数据充分性分析(Data Sufficiency)通过对文字和数学内容的理解测试考生的逻辑思维能力,批判性写作(Writing)同时测试考生的文字表达能力和逻辑分析能力。

这种能力型考试模式进入我国已有近 17 年的历史。最早采用这种模式的是自 1997 年开始的我国 MBA(工商管理硕士)全国入学统考。近年来,我国的 MPA(公共管理硕士)、MPA-CC(公共管理会计硕士)和 GCT(工程管理硕士)的全国入学统考都陆续采用了这种考试模式。这些考试中的逻辑考试部分,都是比照上述能力型考试中的批判性推理部分设计的。

目前,我国行政职业能力测试中也有逻辑能力考试部分。

逻辑能力考试和一般的逻辑考试的区别在于:一般逻辑考试的试题主要是知识型的,也包括知识-能力型的,但不包括能力型的;逻辑能力考试的试题主要是能力型的,也包括知识-能力型的,也就是说,一般逻辑考试测试考生对逻辑知识的掌握程度,以及对逻辑知识的运用能力;逻辑能力考试的重点不是测试考生的逻辑知识,而测试考生的那种相对独立于各种专业知识,包括逻辑专业知识的日常逻辑思维能力,即所谓的批判性思维能力。

8.1.2 能力型考试试题分类

1. 知识型逻辑试题

[**例 1**] 马季是曲艺演员;马季又是相声演员。所以,相声演员都是曲艺演员。

以下哪项对上述推理的评价最为恰当?

A. 推理正确。

B. 推理错误。犯了中项两次不周延的错误。

C. 推理错误。犯了小项不当周延的错误。

D. 推理错误。犯了大项不当周延的错误。

2. 知识-能力型逻辑试题

[**例 2**] 甲:什么是战争?

乙:战争是和平的中断。

甲:什么是和平?

乙:和平是战争的中断。

上述对话中的逻辑谬误也类似地存在于以下哪项对话中?

A. 甲:什么是人?

乙:人是有思想的动物。

甲:什么是动物?

乙:动物是生物的一部分。

B. 甲:什么是生命?

乙:生命是有机体的新陈代谢。

甲:什么是有机体?

乙:有机体是有生命的个体。

C. 甲:什么是家庭?

乙:家庭是以婚姻、血缘或收养关系为基础的一种社会群体。

甲:什么是社会群体?

乙:社会群体是在一定社会关系基础上建立起来的社会单位。

D. 甲:什么是命题?

乙:命题就是用语句表达的判断。

甲:什么是判断?

乙:判断是对事物有所断定的思维形式。

[例3]　过去,我们在道德宣传上有很多不切实际的高调,以至于不少人口头说一套、背后做一套,发生人格分裂现象。通过对此种现象的思考,有的学者提出,我们只应该要求普通人遵守“底线伦理”。

根据你的理解,以下哪一选项作为“底线伦理”的定义最合适?

A. 底线伦理就是不偷盗、不杀人。

B. 底线伦理是作为一个社会普通人所应遵守的一些最起码、最基本的行为规范和准则。

C. 底线伦理不是要求人无私奉献的伦理。

D. 如果把人的道德比作一座大厦,底线伦理就是该大厦的基础部分。

[例4]　不可能有人会不犯错误。

以下哪项最符合题干的断定?

A. 所有的人都可能会犯错误。

B. 有人可能会犯错误。

C. 所有的人都必然会犯错误。

D. 有人必然会犯错误。

知识－能力型逻辑试题具有以下特点:

第一,涉及相关的逻辑知识,如例 2 涉及形式结构,例 3 涉及定义理论,例 4 涉及模态推理。

第二,不是测试考生对相关逻辑知识的掌握,而是测试考生的逻辑思维能力。

第三,尽管掌握相关的逻辑知识对于正确解题并不是完全必要的(这是知识 - 能力试题与知识型试的区别),但掌握并正确运用相关的知识有利于准确快速地答题。

第四,从总体上说,掌握并正确运用相关的逻辑知识有利于正确快速地解答知识能力型题。

3. 能力型逻辑试题

[**例 5**]　一个密码破译员截获了一份完全由阿拉伯数字组成的敌方传递军事情报的密码,并且确悉密码中每个阿拉伯数字表示且只表示一个英文字母。

以下哪项最无助于破译这份密码?

A. 知道英语中元音字母出现的频率。

B. 知道英语中绝大多数军事专用词汇。

C. 知道密码中奇数数字相对于偶数数字的出现频率接近于英语中 2 相对 E 的出现的频率。

D. 知道密码中的数字 3 表示英语字母 A。

[**例 6**]　过去的 20 年里,科幻类小说占全部小说的销售比例从 1% 提高到了 10% 。其间,对这种小说的评论也有明显的增加。一些书商认为,科幻小说销售量的上升主要得益于有促销作用的评论。

以下哪项如果为真,最能削弱题干中书商的看法?

A. 科幻小说的评论,几乎没有读者。

B. 科幻小说的读者中,几乎没有人读科幻小说的评论。

C. 科幻小说评论文章的读者,几乎都不购买科幻小说。

D. 科幻小说的评论文章的作者中,包括因鼓吹伪科学而臭了名声的作家。

能力测试以下诸种思维能力:

敏捷准确的阅读理解能力；

敏捷准确地整理信息的能力（区分相关信息和不相关信息；在相关信息中把握关键信息），如例5；

敏捷准确地把握和区分概念，特别是关键性概念的能力，如例6；

敏捷准确地推断、论证与反驳的能力；

敏捷准确地对论证或反驳进行分析和评价的能力；

敏捷准确地比较与辨析的能力；等等。

能力型考试，特别是其中的逻辑批判性思维部分，测试的就是考生的这种能力。寻找有效途径，训练这种批判性思维能力，揭示这种能力上的差别，把这方面的高素质的对象选拔出来。这就是为什么对于能力型考试来说，逻辑试题的设计应当尽量避免或减少解题过程对相关逻辑知识及其运用的依赖。一道逻辑试题对批判性思维能力的区分度越高，这道试题的质量就越高，否则，就越低。

8.1.3 能力型考试试题设问模式分类

每一个逻辑试题都可以看成是一个论证，都是一篇小小的文章，都有论题和论据。论题一般是题干的第一句话或者最后一句话。论题的前面一般有“所以”“因此”等为标志，论题的后面一般有“由于”“因为”等为标志。一个论证有时可以有好几个论题，这时论题有主论题和次论题的区分。论据的前面一般有“因为”“由于”等标志，论据的后面一般有“所以”“因此”等标志。论据一般有理论论据和事实论据，事实论据“摆事实”，理论论据“讲道理”。论证的过程就是通过论据来“摆事实，讲道理”，证明或反驳论题的过程。

逻辑试题就是围绕论点和论据来设问的。有时是题干中给出了论据，要求考生去归结论题或论点，表现为结论型的试题。有时是题干中给出了论题和一部分论据，要求寻找另一部分论据来加强题干的论证，表现为加强型或支持型。如果另一部分论据对于论题来说是必不可少的，这时的题型可能表现为前提型。有时题干给出了一个论证,要求对该论证进行反驳和批评,表现为削弱型。有时题干的论证在表面上包含着一个矛盾,要求对之进行解释或说明,这时题型就表现为解释型。有时要求对题干的论证效果、论证方法和方式进行评价,表现为评价型等。可以说,每一个逻辑试题都是围绕论证来展开的。论证能力是考生逻辑推理能力的一个重要表现。

本章的批判性思维案例分析与同步练习附在以下每一节之后。

8.2 削弱型设问

此类题型的特点是题干中给出一个完整的论证或者表达某种观点,要求从备选项中寻找到最能反驳或削弱题干的选项。

最能削弱型试题的提问方式一般是:

“以下哪项如果为真,最能削弱上述论证?”

“以下哪项如果为真,能够最有力地削弱上述论证的结论?”

“以下哪项如果为真,最可能削弱上述推断?”

解答该种试题时,考生可以直接去寻找最能削弱题干的选项。所谓削弱题干,也就是要与题干唱反调。一般来说,削弱题干有两种方式。一是截断题干中的论据与论题的逻辑联系,又称为截断关系法。二是弱化题干中的论据,又称为弱化论据法或釜底抽薪法。

所谓截断关系法,就是指当题干中所表达的是“如果 p 那么 q”这样的充分条件关系时,就要找到“p 但并不 q”这样的选项来削弱它;当题干中所表达的是“只有 p 才 q”这样的必要条件关系时,就要找到“非 p 也 q”这样的选项来削弱它;当题干中不一定是某种确定的条件关系时,所要寻找的也是与题干意思唱反调的选项。

所谓弱化论据法,就是指所要寻找的选项能够起到将题干的论据抽掉,或者使题干中的论据的支持作用减弱,从而使题干中的论题不成立或者使题干中的论题得不到充分的论证。

作为一个论证来说,论点比论据更重要,所以,不论是采用截断关系法还是采用弱化论据法，最终目的都是为了削弱题干中的论点。在解题的过程中，我们会发现，有些选项好像是在反对题干，但由于和题干的论题没有密切关系，从而也就失去了削弱作用。

批判性思维案例分析

[例 1]　为了减肥，张女士在今年夏秋之交开始严格按规定服用减肥药物。但经过整个秋季三个月的疗程，她的体重反而增加了 5 千克。由此可见，减肥药物是完全无效的。

以下哪项如果是真的，最能削弱上述论证？

A. 她服用的减肥药物价格昂贵。

B. 她服用的减肥药曾经申请国家专利。

C. 她服用的减肥药有合格证书。

D. 如果不服用药物，她的体重在秋季会增加 10 千克。

【解析】　答案是 D。题干以张女士服用了减肥药物但体重在三个月内反而增加 5 千克为依据，得出结论“减肥药物是完全无效的”，选项 D 表明张女士如果不服用减肥药物，那么她的体重在三个月内就不是增加 5 千克，而是 10 千克，也就是说，张女士由于服用了减肥药物，使她的体重少增加了 5 千克，由此可见，减肥药物的效用还是非常明显的，这就大大地削弱了题干中的结论。选项 B、C 对题干均有所削弱，但力度显然不如 D 项。选项 A 不削弱题干。

[例 2]　只有具备足够的资金投入和技术人才，一个企业的产品才能拥有高科技含量。而这种高科技含量，对于一个产品长期稳定地占领市场是必不可少的。

以下哪项情况如果存在，最能削弱以上断定？

A. 苹果牌电脑拥有高科技含量，并长期稳定地占领着市场。

B. 西子洗衣机没能长期稳定地占领市场，但该产品并不缺乏高科技含量。

C. 长江电视机没能长期稳定地占领市场，因为该产品缺乏高科技含量。

D. 清河空调长期稳定地占领着市场，但该产品的厂家缺乏足够的资金投入。

【解析】 答案是D。题干断定的是一系列的必要条件关系，可整理成相应的充分条件关系。经过整理，题干所断定的条件关系是：长期稳定地占领市场？高科技含量？足够的资金投入和技术人才？我们知道，对于上述表示充分条件关系的蕴涵式，只有在前件真并且后件假时才不成立。A项断定前件和后件都真，符合题干。B项断定前件假，后件真，不削弱题干。C项断定后件假导致前件假，符合题干。D项断定前件真但后件假，有力地削弱了（事实上是否定了）题干所断定的条件关系。

批判性思维练习

1. 一项对某高校教员的健康调查表明，80%的胃溃疡病患者都有夜间工作的习惯。因此，夜间工作易造成的植物神经功能紊乱是诱发胃溃疡病的重要原因。

以下哪项如果为真，将严重削弱上述论证？

A. 医学研究尚不能清楚揭示消化系统的疾病和神经系统的内在联系。

B. 该校的胃溃疡病患者主要集中在中老年教师中。

C. 该校的胃溃疡病患者近年来有上升的趋势。

D. 该校只有近五分之一的教员没有夜间工作的习惯。

E. 该校胃溃疡病患者中有近60%的人患有不同程度的失眠症。

2. 为了估计当前人们对管理基本知识掌握的水平，《管理者》杂志在读者中开展了一次管理知识有奖问答活动。答卷评分后发现，60%的参加者对于管理基本知识掌握的水平很高，30%左右的参加者也表现出了一定的水平。《管理者》杂志因此得出结论，目前社会群众对于管理基本知识的掌握还是不错的。

以下哪项如果为真,最能削弱以上结论?

A. 管理基本知识的范围很广,仅凭一次答卷就得出结论未免过于草率。

B. 掌握了管理基本知识与管理水平的真正提高还有相当的距离。

C. 并非所有《管理者》的读者都参加了此次答卷活动。其信度值得商榷。

D. 从发行渠道看,《管理者》的读者主要是高学历者和实际的经营管理者。

E. 并不是所有人都那么认真,有少数人照抄了别人的答卷,还获了奖。

3. 虽然菠菜中含有丰富的钙,但同时含有大量的浆草酸,浆草酸会有力地阻止人体对于钙的吸收。因此,一个人要想摄入足够的钙,就必须用其他含钙丰富的食物来取代钙,至少和菠菜一起食用。

以下哪项如果为真,最能削弱题干的结论?

A. 大米中不含有钙,但含有中和浆草酸并改变其性能的碱性物质。

B. 奶制品中的钙含量要远高于菠菜。许多经常食用菠菜的人也同时食用奶制品。

C. 在烹饪的过程中,菠菜中受到破坏的浆草酸要略多于钙。

D. 在人的日常饮食中,除了菠菜以外,事实上大量的蔬菜都含有钙。

E. 菠菜中除了含有钙以外,还含有其他丰富的营养素,另外,其中的浆草酸只阻止人体对钙的吸收,并不阻止其他营养素的吸收。

4. 赵青一定是一位出类拔萃的教练。她调到我们大学执教女排才一年,球队的成绩突飞猛进。

以下哪项如果为真,最有可能削弱上述论证?

A. 赵青以前曾经入选过国家青年女排,后来因为伤病提前退役。

B. 赵青之前的教练一直是男性，对于女运动员的运动生理和心理了解不够。

C. 调到大学担任女排教练之后，赵青在学校领导那里立下了军令状，一定要拿全国大学生联赛的冠军，结果只得了一个铜牌。

D. 女排队员尽管是学生，但是对于赵青教练的指导都非常佩服，并自觉地加强训练。

E. 大学准备建设高水平的体育代表队，因此，从去年开始，就陆续招收一些职业队的退役队员。女排只招到了一个二传手。

8.3 加强型设问

加强型试题是在题干中给出一个推理或论证，但由于前提的条件不足以推出结论，或者由于论证的论据不足以得出其论题，因此需要用某个选项去补充其前提或论据，使推理或论证成立的可能性增大。需要注意的是，能够加强题干的选项不一定就是题干论证成立的充分条件，也不一定就是题干论证成立的必要条件。能够加强题干论证的选项可以是题干论证成立的充分条件，也可以是题干论证成立的必要条件，可以是既非充分条件又非必要条件。只要某一选项放在题干论证的论据和论点之间，对题干论证的成立有支持作用，使题干论证成立的可能性增大，那么这个选项就是能够加强题干的。

加强型试题的提问方式一般是：

"以下哪项如果为真，最能加强上述断定？"

"下述哪项如果为真，最能支持上述观点？"

批判性思维案例分析

［例1］ 广告：本厨师培训班有着其他同类培训班所没有的特点，就是除了传授高超的烹饪技艺外，还负责向毕业生提供确实有效

的就业咨询。去年进行咨询的本培训班毕业生中,100%都找到了工作。为了在烹饪业找到一份理想的工作,欢迎您加入我们的行列。

为了确定该广告的可信性,以下哪个相关问题是必须询问清楚的?

Ⅰ.去年有多少毕业生?

Ⅱ.去年有多少毕业生进行就业咨询?

Ⅲ.上述就业咨询在咨询者找到工作的过程中,究竟起到了多少作用?

Ⅳ.咨询者找到的工作,是否都属于烹饪行业?

A. Ⅰ、Ⅱ、Ⅲ、Ⅳ　　B. 只有Ⅰ、Ⅱ和Ⅲ

C. 只有Ⅱ、Ⅲ和Ⅳ　　D. 只有Ⅲ和Ⅳ

【解析】 答案是C。

为了确定上述广告的可信性,去年毕业生中有多少人进行就业咨询是必须弄清楚的。因为如果进行就业咨询的毕业生极少(例如只有一个人),那么,即使全部都找到了工作,也是一个很弱的根据,很难就此让人建立对广告的信任。

广告的中心,是宣传它的就业咨询的有效性。不了解去年毕业生的总人数,也能了解其中进行就业咨询的人数,反过来,了解了去年毕业生的总人数,不一定能了解其中进行就业咨询的人数,因此,去年毕业生的人数和确定广告的可信性,没有直接关系。

所以,Ⅰ不必须询问清楚,Ⅱ必须询问清楚。

Ⅲ必须询问清楚。否则,如果事实上就业咨询在上述咨询者找到工作的过程中没起什么作用,那么,咨询者全部找到工作的事实,不能用来说明就业咨询的效果。

Ⅳ必须询问清楚。因为广告词说:“为了在烹饪业找到一份理想的工作,欢迎您加入我们的行列”,由此可知,广告中所说的就业咨询,显然是指烹饪业内,要确定该广告的可信性,当然要根据咨询者在烹饪业内的就业状况。

[例2] 历史证明,民族兴旺、国家发展的关键因素是国民素质

的提高。因此,实现我国宏伟发展目标的关键措施是进一步增加教育投入。

上述断定基于以下哪项假设?

Ⅰ. 教育事业的发展是提高国民素质的主要条件。

Ⅱ. 增加教育投入是发展教育事业的重要条件。

Ⅲ. 我国目前的教育投入不能适应发展教育的需要。

A. 仅Ⅰ和Ⅱ　　B. Ⅱ和Ⅲ

C. 仅Ⅰ和Ⅲ　　D. Ⅰ、Ⅱ和Ⅲ

【解析】 答案是D。

Ⅰ是必须假设的,从题意可知,国民素质的提高是实现我国宏伟发展目标的关键因素,如果教育事业的发展不是提高国民素质的主要条件,那么,作为实现我国宏伟发展目标的关键措施,增加教育的投入就没有意义。

Ⅱ是必须假设的,因为如果增加教育投入不是发展教育事业的重要条件,那么就没有必要增加教育的投入。

Ⅲ也是必须假设的,如果我国目前的教育投入完全适应教育的需要,那么就没有必要进一步增加教育的投入。

批判性思维练习

1. 据世界卫生组织1995年的调查报告显示,70%的肺癌患者有吸烟史,其中有80%的人吸烟的历史多于10年。这说明吸烟会增加人们患肺癌的危险。

以下哪项最能支持上述论断?

A. 1950年至1970年男性吸烟者人数增加较快,女性吸烟者也有增加。

B. 虽然各国对吸烟有害进行大量宣传,但自50年代以来,吸烟者所占的比例还是呈明显的逐年上升的趋势。到90年代,成人吸烟者达到成人数的50%。

C. 没有吸烟史或戒烟时间超过5年的人数在1995年超过了人口总数的40%。

D. 1995年未成年吸烟者的人数也在增加,成为一个令人挠头的社会问题。

E. 医学研究工作者已经用动物实验发现了尼古丁的致癌作用,并从事开发预防药物的研究。

2. 雄性园丁鸟构筑装饰精美的巢。同一种类的不同园丁鸟群建筑的巢具有不同的建筑和装饰风格。根据这一事实,研究人员认为园丁鸟的建筑风格是一种后天习得的,而不是先天遗传的特性。

以下哪项如果为真,最有助于加强研究者的结论?

A. 通过对园丁鸟的广泛研究发现,它们的筑巢风格中的共性多于差异。

B. 年轻的雄性园丁鸟在开始筑巢时是很笨拙的,很显然要花许多年来观察年长者的巢才能成为行家能手。

C. 有一种园丁鸟的巢缺少其他园丁鸟的巢都具有的塔形和装饰风格。

D. 园丁鸟只在新几内亚和澳大利亚被发现,很显然,两地之间的园丁鸟没什么联系。

E. 众所周知,一些会唱歌的鸟的演唱语调是后天习得的,而不是先天习得的。

3. 发达国家中冠心病的发病率是发展中国家的近三倍。有人认为这要归咎于发达国家中人们的高脂肪、高蛋白、高热量的食物摄入。相对来说,发展中国家较少有人具备生这种富贵病的条件。其实,这种看法很难成立,因为它忽略了这样一个事实:目前发达国家的人均寿命高于70岁,而发展中国家则不到50岁。

以下哪项如果为真,最能加强上述反驳?

A. 一般地说,一个人的寿命越长,在其有生之年患有某种疾病的概率越高。

B. 统计资料显示,冠心病相对集中在中老年阶段,即45岁以上。

C. 发展中国家人们的高脂肪、高蛋白、高热量食物的摄入量，无论是总量还是人均量，都在逐年增长。

D. 目前冠心病患者呈年轻化趋势。

E. 相对于发展中国家来说，发达国家的人们具有较高的防治冠心病的常识和较好的医疗条件。

4. 一个已经公认的结论是，北美洲人的祖先来自亚洲。至于亚洲人是如何到达北美的，科学家们一直假设，亚洲人是跨越在14000年以前还连接着北美和亚洲，后来沉入海底的陆地进入北美的，在艰难的迁徙途中，他们靠捕猎沿途陆地上的动物为食。最近的新发现导致了一个新的假设，亚洲人是驾船沿着上述陆地的南部海岸，沿途以鱼和海洋生物为食而进入北美的。

以下哪项如果为真，最能使人有理由在两个假设中更相信后者？

A. 当北美和亚洲还连在一起的时候，亚洲人主要以捕猎陆地上的动物为生。

B. 上述连接北美和亚洲的陆地气候极为寒冷，植物品种和数量都极为稀少，无法维持动物的生存。

C. 存在于8000年以前的亚洲和北美文化，显示出极大的类似性。

D. 在欧洲，靠海洋生物为人的食物来源的海洋文化，最早发端于10000年以前。

E. 在亚洲南部，靠海洋生物为人的食物来源的海洋文化，最早发端于14000年以前。

5. 有着悠久历史的肯尼亚国家自然公园以野生动物在其中自由出没而著称。在这个公园中，已经有10多年没有出现灰狼了。最近，公园的董事会决定引进灰狼。董事会认为，灰狼不会对游客造成危害，因为灰狼的习性是避免与人接触的；灰狼也不会对公园中的其他野生动物造成危害，因为公园为灰狼准备了足够的家畜如山羊、兔子等作为食物。

以下各项如果为真,都能加强题干中董事会的论证,除了:

A. 作为灰狼食物的山羊、兔子等,和野生动物一样在公园中自由出没,这增加了公园的自然气息和游客的乐趣。

B. 灰狼在进入公园前将经过严格的检疫,事实证明,只有患有狂犬病的灰狼才会主动攻击人。

C. 自然公园中,游客通常坐在汽车中游览,不会遭到野兽的直接攻击。

D. 麋鹿是一种反应极其敏捷的野生动物。灰狼在公园中对麋鹿可能的捕食将减少其中的不良个体,从总体上有利于麋鹿的优化繁衍。

E. 公园有完备的排险设施,能及时地监控并有效地排除人或野生动物遭遇的险情。

6. 经 A 省的防疫部门检测,在该省境内接受检疫的长尾猴中,有 1% 感染上了狂犬病。但是只有与人及其宠物有接触的长尾猴才接受检疫。防疫部门的专家因此推测,该省长尾猴中感染有狂犬病的比例,将大大小于 1% 。

以下哪项如果为真,将最有力地支持专家的推测?

A. 在 A 省境内,与人及其宠物有接触的长尾猴,只占长尾猴总数的 10%。

B. 在 A 省,感染有狂犬病的宠物,约占宠物总数的 0.1% 。

C. 在与 A 省毗连的 B 省境内,至今没有关于长尾猴感染狂犬病的疫情报告。

D. 与和人的接触相比,健康的长尾猴更愿意与人的宠物接触。

E. 与健康的长尾猴相比,感染狂犬病的长尾猴更愿意与人及其宠物接触。

8.4 假设(前提)型设问

前提型试题是在题干中给出结论和部分前提,要求从备选项中找到另一部分前提来将论证补充完整的试题。此类试题的题干中往往给出小前提(即推理的条件)和结论,要求寻找到一个大前提将题干中的小前提和结论联结起来,这也就是人们通常说的“搭桥”。

大前提是使题干论证得以成立的必要条件。一般地说,如果题干论证在没有某一个条件时,这个论证就必然不成立,那么这个条件就是题干论证的大前提。但是,必要条件并不就是充分的。这就是说,即使有了某一个选项作为大前提,题干论证也未必就是正确的。但是没有这个选项作为大前提,即如果这个选项不成立,那么题干论证肯定是不正确的。所以,寻找大前提也就是要考虑,如果没有某个选项,题干是否还能成立,如果不能成立,那么该项就是题干论证的大前提,否则就不是。

前提型试题的提问方式一般是:

“上述推论基于以下哪项假设?”

“以下哪项都可能是上述论证所假设的,除了……”

“上述陈述隐含着下列哪项前提?”

“上述论断建立在以下哪项假设的基础上?”

批判性思维案例分析

[**例 1**] 王教授说:“总的说来,工商管理学院的大学生的家庭困难情况比起以前有了大幅度的改观。这种情况十分明显,因为我的学生现在要求学校安排课余时间勤工俭学的人越来越少了。”

上面的结论是由下列哪个假设得出的?

A. 现在大学生父母亲的收入随着改革开放的深入发展而增加,

使得大学生不再需要勤工俭学来自己养活自己了。

B. 尽管家境有了改善,也应当参加勤工俭学来锻炼自己的全面能力。

C. 要求学校安排课余时间勤工俭学是学生家庭是否困难的一个重要标志。

D. 大学生把更多的时间用在学业上,勤工俭学的人就少起来了。

E. 学校安排的勤工俭学报酬相对来说越来越低,不能满足学生的要求。

【解析】　正确答案是C。本题的逻辑主线是"越来越少的王教授的学生要求勤工俭学",就推出"工商管理学院的大学生的家庭困难情况比起以前有了大幅度的改观"。我们发现,本题推理的前提对象与结论讨论的对象属性并不完全一样,前提与结论之间有差异,即前提与结论之间有明显的跳跃:做勤工俭学的少就必然家庭困难有了改观吗?因此段落推理成立需要依赖选项C这个假设"课余要求学校安排勤工俭学是学生家庭是否困难的一个重要标志",即选项C把前提与结论之间的一个跳跃连了起来,所以C项正确。

其实,本题推理的成立还依赖两个假设:①王教授教的学生是工商管理学院的学生;②王教授教的学生是整个工商管理学院学生的代表。在这三个假设的共同作用下,本题推理必然成立。但由于"答案不需要充分性",我们只需要找出C,就是找到了一个假设,所以C就是正确答案,但正是由于我们仅仅只是找到了推理成立的一个假设,所以我们说假设题型(包括支持、反对、评价)的段落推理是"有待评价的推理"。

[例2]　尽管计算机可以帮助人们进行沟通,计算机游戏却妨碍了青少年沟通能力的发展。他们把课余时间都花费在玩游戏上,而不是与人交流上。所以说,把课余时间花费在玩游戏上的青少年比其他孩子有较差的沟通能力。

以下哪项是上述议论最可能假设的?

A. 一些被动的活动，如看电视和听音乐，并不会阻碍孩子们交流能力的发展。

B. 大多数孩子在玩电子游戏之外还有其他事情可做。

C. 在课余时间不玩电子游戏的孩子至少有一些时候是在与人交流。

D. 传统的教育体制对增强孩子们与人交流的能力没有帮助。

E. 由玩电子游戏带来的思维能力的增强对孩子们的智力开发并没有实质性的益处。

【解析】 正确答案是C。题干的逻辑主线是“课余时间都在玩游戏→沟通能力差”。C项是题干的议论必须假设的，否则，如果事实上在课余时间不玩电子游戏的孩子在任何时候都不与人交流，那么，就不能根据青少年在课余时间玩游戏而不是与人交流就得出结论，把课余时间花费在玩游戏上的青少年比其他孩子缺少沟通能力。B项也是题干的议论应当假设的。但由于B项断定的是大多数孩子，而不是所有的孩子，因此，题干对于B项的依赖程度弱于C项。其余各项均不是需要假设的。

批判性思维练习

1. 当前的大学教育在传授基本技能上是失败的。有人对若干大公司人事部门负责人进行了一次调查，发现很大一部分新上岗的工作人员都没有很好掌握基本的写作、数量和逻辑技能。

上述论证是以下列哪项为前提的？

A. 现在的大学里没有基本技能方面的课程。

B. 新上岗人员中极少有大学生。

C. 写作、数量、逻辑方面的基本技能对胜任工作很重要。

D. 大公司的新上岗人员基本代表了当前大学毕业生的水平。

E. 过去的大学生比现在的大学生接受了更多的基本技能教育。

2. 为了有助于人们选择最满意的城市居住，有关部门实施了一项评选“最舒适城市”的活动。方法是，选择十个方面，包括社会治安、商业设施、清洁程度、绿化程度、教育设施、旅游文化景点等，每个方面按实际质量的高低，评以1分至10分之间的某一分值，然后求得十个分值的平均数即是这个城市的舒适性指数。

以下哪项是实施上述活动需要预设的前提？

Ⅰ. 城市的各种舒适性质量程度都可以用准确的数字表达。

Ⅱ. 城市的各种舒适性对于居民来说都是同等重要的。

Ⅲ. 居民有自由选择居住城市的权利并且大多乐于这样做。

A. 仅Ⅰ　　B. 仅Ⅱ

C. 仅Ⅲ　　D. 仅Ⅰ和Ⅱ

E. Ⅰ、Ⅱ和Ⅲ

3. 据最近统计，在需要同等学力的十个不同职业中，教师的平均工资五年前排列第九，而目前上升到第六；另外，目前教师的平均工资是其他上述职业平均工资的96%，而五年前只占55%。因此，教师工资偏低的状况有了很大的改善，教师的相对生活水平有了很大的提高。

上述论证基于以下哪项假设？

Ⅰ. 近五年来的通货膨胀率基本保持不变。

Ⅱ. 和其他职业一样，教师中的最高工资与最低工资的差别并不悬殊。

Ⅲ. 学历是确定工资标准的主要依据。

Ⅳ. 工资是实际收入的主要部分。

A. 仅Ⅰ和Ⅲ　　B. 仅Ⅱ和Ⅳ

C. 仅Ⅲ　　D. 仅Ⅳ

E. 仅Ⅲ和Ⅳ

4. 李工程师：在日本，肺癌病人的平均生存年限(即从确诊至死亡的年限)是9年，而在亚洲的其他国家，肺癌病人的平均生存年限只有4年。因此，日本在延长肺癌病人生命方面的医疗水平要高于亚洲的其他国家。

张研究员:你的论证缺乏充分的说服力。因为日本人的自我保健意识总体上高于其他的亚洲人,所以,日本肺癌病患者的早期确诊率要高于亚洲其他国家。

张研究员的反驳,基于以下哪项假设?

Ⅰ. 肺癌患者的自我保健意识对于其疾病的早期确诊起到重要作用。

Ⅱ. 肺癌的早期确诊对延长患者的生存年限起到重要作用。

Ⅲ. 对肺癌的早期确诊技术是衡量防治肺癌医疗技术水平的一个重要方面。

A. 只有Ⅰ

B. 只有Ⅱ

C. 只有Ⅲ

D. 只有Ⅰ和Ⅱ

E. Ⅰ、Ⅱ和Ⅲ

5. 十年前癌症病人在发现疾病后平均生存5.4年,现在已经达到6.7年。这说明,治疗水平的提高使癌症病人存活的时间延长了。

上述结论依赖于下述哪一假设?

A. 十年前接受治疗的病人数目与现在相近。

B. 十年前购买医疗保险的人不如现在多。

C. 十年前癌症诊断技术水平与现在相近。

D. 十年来癌症病人的职业类型没有什么变化。

E. 不同类型的癌症病人存活时间差别不大。

8.5 结论型设问

结论型试题是在题干中给出前提,要求推出结论的试题。这种试题可以是严格的逻辑推论,也可以是一般的抽象和概括。

有时,题干中可能给出了大前提和小前提,这时我们需要做的就是寻找大前提和小前提的共同部分作为逻辑中介,然后把另外的不同的部分连接起来,这就是结论。

有时,题干中的大前提和小前提可能并不十分清楚,甚至都是大前提,或者都是小前提。这时我们可以做的就是要在全面和系统地把握题干的基础上,通过比较、分析、综合、抽象、概括、归纳,最后得出一个最合理的结论。

结论型试题的提问方式一般是:

“从上文可推出以下哪个结论?”

“如果上述断定是真的,以下哪项也一定是真的?”

“如果上述断定是真的,那么除了以下哪项,其余的断定也必定是真的?”

“以下哪项,作为结论从上述题干中推出最为恰当?”

“下述哪项最能概括上文的主要观点?”

解答结论型试题,需要运用各种解题技巧和方法。

有时题干中所涉及或所列出的事物情况比较多,而且又具有一定的表列特征,这时候就可以采用列表的方法迅速寻找到答案。做此类题时,如果不列表而是单凭想象,往往容易混乱,难以理清头绪。

有些逻辑试题,需要考生首先进行必要的数字计算,尤其是当题干或备选项中出现了数据或者与数据有关的文字的时候。做这些题时,考生一定不要怕麻烦,如果考生动手计算计算,答案自然就出来了。

有些试题需要运用代入法来求解。当错误选项不容易排除,而正确选项又难于选择时,就应该运用代入法试一试。这种方法是说,先假设某一个备选项是成立的,然后代入题干,看是否导致矛盾,如果出现矛盾就说明假设该选项成立不对,该选项是不成立的。但是,需要注意的是,如果通过假设某一选项成立代入题干,并没有导致矛盾,是不是就说明该选项一定能成立呢?这很难说。因为有时可能出现不止一个选项如果成立而不会导致矛盾的情况。这里,代入法需要结合排除法来使用,如果通过使用排除法,其他选项均导致矛盾,则剩余的不导致矛盾的选项就是正确的。

代入法有一种特殊情况,就是反向代入法。该方法是说,如果我们对某个选项难以确定其真假,那么就可以先假设所要考虑的选项为假,然后代入题干,看是否导致矛盾,如果导致矛盾则说明该选项不可能假,一定为真。

批判性思维案例分析

［例1］ 一个产品要创成名牌,必须保持过硬的质量;一个产品,只有提高技术含量,才能保持过硬的质量;而一个企业如果忽视技术投资,则产品的技术含量就不可能提高。

以下哪项结论可以从题干的断定中推出?

Ⅰ. 一个生产名牌产品的企业,不可能忽视技术投资。

Ⅱ. 一个缺少技术含量的产品,不可能创成名牌。

Ⅲ. 一个产品质量不过硬的企业,一定忽视了技术投资。

A. 只有Ⅰ　　B. 只有Ⅱ

C. 只有Ⅲ　　D. 只有Ⅰ和Ⅱ

【解析】 答案是D。

题干的断定可整理为:名牌? 质量? 技术含量? 技术投资? 肯定前件可以肯定后件,因此,Ⅰ成立。否定后件可以否定前件,因此,Ⅱ成立。否定前件不能否定后件,因此,Ⅲ不成立。

［例2］ 随着人才竞争的日益激烈,市场上出现了一种“挖人公司”,其业务是为客户招募所需的人才,包括从其他的公司中“挖人”。“挖人公司”自然不得同时帮助其他公司从自己的雇主处挖人。一个“挖人公司”的成功率越高,雇用它的公司也就越多。

上述断定最能支持以下哪项结论?

A. 一个“挖人公司”的成功率越高,能成为其“挖人”目标的公司就越少。

B. 为了有利于“挖进”人才同时又确保自己的人才不被“挖走”,雇主的最佳策略是雇用只为自己服务的“挖人公司”。

C. 为了有利于“挖进”人才同时又确保自己的人才不被“挖

走",雇主的最佳策略提高雇员的工资。

D. 为了保护自己的人才不被挖走,一个公司不应雇用"挖人公司"从别的公司挖人。

【解析】 答案是A。

由题干可知:第一,一个"挖人公司"的成功率越高,雇用它的公司也就越多;第二,"挖人公司"不得帮助其他公司从自己的雇主处挖人。从以上两个断定可得出结论:一个"挖人公司"的成功率越高,能成为其"挖人"目标的公司就越少。这正是A项所断定的。其余各项均不能从题干推出。

注意上两题的区别。第一题是形式推断,是知识-能力型试题;第二题是能力型试题,是语义推断。

批判性思维练习

1. 先天的遗传因素和后天的环境影响对人的发展所起作用到底哪一个重要?双胞胎的研究对于回答这一问题有重要的作用。唯环境影响决定论预言,如果把一对双胞胎儿完全分开抚养,同时把一对不相关的婴儿放在一起抚养,那么,待他们长大成人后,在性格等内在特征上,前两者之间决不会比后两者之间有更多的类似。实际的统计数据并不支持这种极端的观点,但也不支持另一种极端观点,即唯遗传因素决定论。

从以上论述最能推出以下哪个结论?

A. 为了确定上述两种极端观点哪一个正确,还需要进一步的研究工作。

B. 虽然不能说环境影响对于人的发展起唯一决定作用,但实际上起最重要的作用。

C. 环境影响和遗传因素对人的发展都起着重要的作用。

D. 试图通过改变一个人的环境来改变一个人是徒劳无益的。

E. 双胞胎研究是不能令人满意的,因为它得出了自相矛盾的结论。

2. 方宁、王宜和余涌,一个是江西人,一个是安徽人,一个是上海人。余涌的年龄比上海人大,方宁和安徽人不同岁,安徽人比王宜年龄小。

根据上述断定,以下结论都不可能推出,除了:

A. 方宁是江西人,王宜是安徽人,余涌是上海人。

B. 方宁是安徽人,王宜是江西人,余涌是上海人。

C. 方宁是安徽人,王宜是上海人,余涌是江西人。

D. 方宁是上海人,王宜是江西人,余涌是安徽人。

E. 方宁是江西人,王宜是上海人,余涌是安徽人。

3. 甲(男)、乙(男)、丙(女)、丁(女)、戊(女)五个人有亲戚关系,其中凡有一个以上兄弟姐妹并且有一个以上儿女的人总说真话;凡只有一个以上兄弟姐妹或只有一个以上儿女的人,所说的话真假交替;凡没有兄弟姐妹,也没有儿女的人总说假话。他们各说了以下的话:

甲:丙是我的妻子,乙是我的儿子,戊是我的姑姑。

乙:丁是我的姐妹,戊是我的母亲,戊是甲的姐妹。

丙:我没有兄弟姐妹,甲是我的儿子,甲有一个儿子。

丁:我没有儿女,丙是我的姐妹,甲是我的兄弟。

戊:甲是我的侄子,丁是我的侄女,丙是我的女儿。

根据题干给定的条件,能够推出下面哪一个选项是真的?

A. 甲说的都是真话,丙是他的妻子。

B. 乙说的真假交替,他的母亲是戊。

C. 丁说的都是假话,她是甲的姐妹。

D. 戊说的都是真话,丙是她的姐妹。

E. 丙说的真假交替,她是甲的母亲。

4. 有三户人家,每家有一孩子,他们的名字是:小萍(女)、小红(女)、小虎。孩子的爸爸是老王、老张和老陈,妈妈是刘蓉、李玲和方丽。对于这三家人,已知:

(1) 老王家和李玲家的孩子都参加了少年女子舞蹈队。

(2) 老张的女儿不是小红。

(3) 老陈和方丽不是一家人。

根据以上条件,确定以下哪项是正确的?

A. 老王、刘蓉和小萍是一家。

B. 老张、李玲和小红是一家。

C. 老陈、方丽和小虎是一家。

D. 老王、方丽和小红是一家。

E. 老陈、刘蓉和小红是一家。

5. 某研究所对该所上年度研究成果的统计显示:在该所所有的研究人员中,没有两个人发表的论文的数量完全相同;没有人恰好发表了 10 篇论文;没有人发表的论文的数量等于或超过全所研究人员的数量。

如果上述统计是真实的,则以下哪项断定也一定是真实的?

Ⅰ. 该所研究人员中,有人上年度没有发表 1 篇论文。

Ⅱ. 该所研究人员的数量,不少于 3 人。

Ⅲ. 该所研究人员的数量,不多于 10 人。

A. 只有Ⅰ和Ⅱ　　B. 只有Ⅰ和Ⅲ

C. 只有Ⅰ　　D. Ⅰ、Ⅱ和Ⅲ

E. Ⅰ、Ⅱ和Ⅲ都不一定是真实的

6. 学校为了提高学生的素质,开设文、理两类选修课。统计表明,有学生选修了全部文科类选修课,也有学生选修了全部理科类选修课,那么以下哪项一定是真的?

A. 有学生选修了全部选修课。

B. 每门选修课都有学生选修。

C. 有一门选修课,选修它的学生不止一个。

D. 有人只选修理科类选修课。

E. 不可能有人只选一门选修课。

7. 二战结束时,某国育龄妇女的人数达到最低点。二战结束十年后的20世纪50年代中期,平均每个家庭4.5个孩子。该国十年前育龄妇女数量达到历史最高点,目前平均每个家庭有1.82个孩子。

从上文中可以得出什么结论?

A. 战争与生育率有关。

B. 战争与生育率无关。

C. 育龄妇女数量与生育率无关。

D. 育龄妇女数量与生育率有关。

E. 生育率不与育龄妇女数量成正比。

8. 有人养了一些兔子。别人问他有多少只雌兔,多少只雄兔。他回答说:在他所养的兔子中,每一只雄兔的雌性同伴比它的雄性同伴少一只,而每一只雌兔的雄性同伴比它的雌性同伴的两倍少两只。

根据上述回答,可以推断他养了多少只雌兔?多少只雄兔?

A. 8只雄兔,6只雌兔。

B. 10只雄兔,8只雌兔。

C. 12只雄兔,10只雌兔。

D. 14只雄兔,8只雌兔。

E. 14只雄兔,12只雌兔。

8.6 解释型设问

解释型试题的一般特征是,题干给出关于某些事实或现象的客观描述,通常是给出一个似乎矛盾实际上并不矛盾的现象,要求从备选项中寻找到能够解释的选项。

解释型试题的提问方式一般是:

"以下哪项如果为真,能最好地解释上面的矛盾?"

"以下哪项如果为真,最不能解释题干中的矛盾?"

该类试题在题干中描述了事物现象间表面上的矛盾或差异,而本质上这种矛盾是不存在的。这种表面上的矛盾或者是同一个事物的两个不同方面，或者所探讨的是两个不同的对象。但是，题干中为何又显得很矛盾呢？原因可能是还有某方面的细节没有考虑到。

批判性思维案例分析

[**例 1**]　贾女士：本报对减肥成功者所作的一项调查显示，70% 的受调查者称服用东参减肥丸，30% 的称服用灵芝瘦身丹。没有被调查者服用其他减肥药。

陈先生：这说明在被调查者中，服用东参减肥丸的人数，比服用灵芝瘦身丹的两倍还多。

贾女士：另外，25% 的被调查者称他们从不通过药物减肥。

以下哪项如果为真，最有利于解释贾女士的断定中看来存在的矛盾？

A. 30% 的服用灵芝瘦身丹的被调查者，包括在 70% 的服用东参减肥丸的被调查者中。

B. 一些被调查者服用上述两种减肥药。

C. 被调查者的人数超过 100 人。

D. 被调查者在整个减肥成功者中，只占很小的比例。

【**解析**】　答案是 B。

如果被调查者最多只服用过一种减肥药，那么，贾女士的断定中就包含不可排除的矛盾。要排除这种矛盾，一个合理的解释是，一些被调查者服用过上述两种减肥药，这正是 B 项所断定的。

其余各项均不能解释贾女士的断定。其中，选项 A 项事实上也包含着一些被调查者服用上述两种减肥药的断定，但是，它把这一断定加强为所有服用灵芝瘦身丹的被调查者都服用东参减肥丸，这样，由于没有被调查者服用其他减肥药，就会得出 30% 的被调查者不通过药物减肥的结论，这和贾女士的断定矛盾。

[**例 2**]　尽管是航空业萧条的时期，各家航空公司也没有节省

广告宣传的开支。翻开许多城市的晚报,最近一直在连续刊登如下广告:“飞机远比汽车安全！你不要被空难的夸张报道吓破了胆,根据航空业协会的统计,飞机每飞行 1 亿千米死 1 人,而汽车每走5000万千米死 1 人。”汽车工业协会对这个广告大为恼火,于是通过电视公布了另外一个数字:“飞机每 20 万飞行小时死 1 人,而汽车每 200 万行驶小时死 1 人。”

如果以上资料均为真,则以下哪项最能解释上述看起来矛盾的结论?

A. 安全性只是人们在进行交通工具选择时所考虑问题的一个方面,便利性、舒适感以及某种特殊的体验都会影响消费者的选择。

B. 飞机驾驶员员所受的专业训练远远超过汽车司机,但是,因为飞行高度的原因,飞机失事的生还率低于车祸。

C. 飞机的确比汽车安全,但是,空难事故所造成的新闻轰动要远远超过车祸,所以给人们留下的印象也格外深刻。

D. 两种速度完全不同的交通工具,用运行的距离做单位来比较安全性是不全面的,用运行的时间来比较也会出偏差。

E. 媒体只关心能否提高收视率和发行量,根本不尊重事情的本来面目。

【解析】 答案是 D。题干所提供的两个统计数字都正确,这似乎存在矛盾,其实并不矛盾。因为飞机和汽车的速度明显不同:在同样的时间内,飞机跨越了比汽车大得多的距离,用距离作为基数来比较死人多少,显然对飞机有利;同样,经过同样的距离,汽车所费时间比飞机多得多,用行驶时间作为基数来比较死人多少,显然对汽车有利。实际上,根本不能作这样的比较,选项 D 正好指出了这一点:在不知道二者的速度或速度比的情况下,只以运行距离为单位或者只以运行时间为单位都无法比较二者的安全性。其余各项作为对题干的解释均不得要领。

批判性思维练习

1. 某市一项对交谊舞爱好者的调查表明,那些称自己每周固定去跳交谊舞 1 ~ 2 次的人近三年来由 28% 增加到 35%,而对该市多数舞厅的调查则显示,近三年来交谊舞厅的顾客人数明显下降。

以下各项如果为真,都有助于解释上述看来矛盾的断定,除了:

A. 上舞厅没什么规律的人在数量上明显减少。

B. 舞厅出于非正常的考虑,往往少报光顾的人数。

C. 家庭交谊舞会逐渐流行。

D. 迪斯科舞厅的兴起抢了交谊舞厅的生意。

E. 受调查的交谊舞爱好者只占全市交谊舞爱好者的 10%。

2. 日本脱口秀表演家金语楼曾获多项专利。有一种在打火机上装一个小抽屉代替烟灰缸的创意,在某次创意比赛中获得了大奖,备受推崇。比赛结束后,东京的一家打火机制造厂家将此创意进一步开发成产品推向市场,结果销路并不理想。

以下哪项如果为真,能最好地解释上面的矛盾?

A. 某家烟灰缸制造厂商在同期推出了一种新型的烟灰缸,吸引了很多消费者。

B. 这种新型打火机的价格比普通的打火机贵 20 日元,有的消费者觉得并不值得。

C. 许多抽烟的人觉得随地弹烟灰既不雅观,也不卫生,还容易烫坏衣服。

D. 参加创意比赛后,很多厂家都选择了这项创意来开发生产,几乎同时推向市场。

E. 作为一个脱口秀表演家,金语楼曾经在他主持的电视节目上介绍过这种新型打火机的奇妙构思。

3. 烟草业仍然是有利可图的。在中国,尽管今年吸烟者中成人人数减少,烟草生产商销售的烟草总量还是增加了。

以下哪项不能用来解释烟草销售量的增长和吸烟者中成人人数的减少?

A. 今年中,开始吸烟的妇女数量多于戒烟的男子数量。

B. 今年中,开始吸烟的少年数量多于同期戒烟的成人数量。

C. 今年,非吸烟者中咀嚼烟草及嗅鼻烟的人多于戒烟者。

D. 今年和往年相比,那些有长年吸烟史的人平均消费了更多的烟草。

E. 今年中国生产的香烟中用于出口的数量高于往年。

4. 经济学家与考古学家就货币的问题展开了争论。

经济学家:在所有使用货币的文明中,无论货币以何种形式存在,它都是因为其稀缺性而产生其价值的。

考古学家:在索罗斯岛上,人们用贝壳作货币,可是该岛上贝壳遍布海滩,随手就能拾到。

以下哪项能对两位专家论述之间的矛盾作出解释?

A. 索罗斯岛上居民节日期间在亲密的朋友之间互换货币,以示庆祝。

B. 索罗斯岛上的居民认为鲸牙很珍贵,他们把鲸牙串起来当作首饰。

C. 索罗斯岛上的男女居民使用不同种类的贝壳作货币,交换各自喜爱的首饰。

D. 索罗斯岛上的居民只使用由专门工匠加工的有美丽花纹的贝壳作货币。

E. 即使在西方人将贵金属货币带上索罗斯岛之后,贝壳仍然是商品交换的媒介物。

5. 西双版纳植物园中有两种樱草,一种自花授粉,另一种非自花授粉,即需依靠昆虫授粉。近几年来,授粉昆虫的数量显著减少。另外,一株非自花授粉的樱草所结的种子比自花授粉的要少。显然,非自花授粉樱草的繁殖条件比自花授粉的要差。但是,游人在植物园中多见的是非自花授粉樱草而不是自花授粉樱草。

以下哪项断定最无助于解释上述现象？

A. 和自花授粉樱草相比，非自花授粉樱草的种子发芽率较高。

B. 非自花授粉樱草是本地植物，而自花授粉樱草是前几年从国外引进的。

C. 前几年，上述植物园中非自花授粉樱草和自花授粉樱草的数量比大约是5:1。

D. 当两种樱草杂生时，土壤中的养分更易于被非自花授粉樱草吸收，这又往往导致自花授粉樱草的枯萎。

E. 在上述植物园中，为保护授粉昆虫免受游客伤害，非自花授粉樱草多植于园林深处。

8.7 评价型设问

评价型试题要求对题干的论证效果、论证方式和方法、论证意图和目的等进行评价和说明。

评价型试题的提问方式一般是：

“以下哪项如果为真，最能对题干论证的有效性进行评价？”

“以下哪项是对上述论证方法的最为恰当的概括？”

该类试题的答案方向一般是针对题干论证的隐含前提。当选项为一般疑问句时，对这个问句通常有“是”和“否”两方面的回答。如果对这个问句回答“是”，则对题干起到了支持作用，如果回答“否”，则对题干起到了削弱作用。于是，这个问句就对题干论证具有评价作用。总的来说，能够评价题干论证的选项就是对题干论证的正确性具有判定性作用的选项。

批判性思维案例分析

[例1] 是否应当废除死刑，在一些国家中一直存在争议。下

面是相关的一段对话:

史密斯:一个健全的社会应当允许甚至提倡对罪大恶极者执行死刑。公开执行死刑通过其震慑作用显然可以减少恶性犯罪,这是社会自我保护的必要机制。

苏珊:您忽视了讨论这个议题的一个前提,这就是一个国家或者社会是否有权利剥夺一个人的生命。如果事实上这样的权利不存在,那么,讨论执行死刑是否可以减少恶性犯罪这样的问题是没有意义的。

如果事实上执行死刑可以减少恶性犯罪,则以下哪项最为恰当地评价了这一事实对两人所持观点的影响?

A. 两人的观点都得到加强。

B. 两人的观点都未受到影响。

C. 史密斯的观点得到加强,苏珊的观点未受影响。

D. 史密斯的观点未受影响,苏珊的观点得到加强。

【解析】 答案是C。斯密斯的观点是:执行死刑可取,因为它能减少恶性犯罪。苏珊的观点是:执行死刑是否可取,首先不取决于它是否能减少恶性犯罪,而是取决于一个国家或者社会是否有权利剥夺一个人的生命。因此,执行死刑可以减少恶性犯罪的事实,使史密斯的观点得到加强,而苏珊的观点未受影响。

[**例2**] 吴大成教授:各国的国情和传统不同,但是对于谋杀和其他严重刑事犯罪实施死刑,至少是大多数人可以接受的。公开宣判和执行死刑可以有效地阻止恶性刑事案件的发生,它所带来的正面影响比可能存在的负面影响肯定要大得多,这是社会自我保护的一种必要机制。

史密斯教授:我不能接受您的见解。因为在我看来,对于十恶不赦的罪犯来说,终身监禁是比死刑更严厉的惩罚,而一般的民众往往以为只有死刑才是最严厉的。

以下哪项是对上述对话的最恰当评价?

A. 两人对各国的国情和传统有不同的理解。

B. 两人对什么是最严厉的刑事惩罚有不同的理解。

C. 两人对执行死刑的目的有不同的理解。

D. 两人对产生恶性刑事案件的原因有不同的理解。

【解析】 答案是C。由题干不难得出结论:吴大成教授认为执行死刑的目的是有效地阻止恶性刑事案件的发生,而史密斯认为执行死刑的目的是给十恶不赦的罪犯以最严厉的惩罚。两人对执行死刑的目的有不同的理解。因此,C项的评价最为恰当。

批判性思维练习

1. 计划委员会决定支持重新开发城市西区的计划,并且发出一篇报告指出这种重新开发是可行的。王小名是计划委员会的一员,而且从委员会建立之初就是其中一员,所以王小名不可能反对这一重新开发西区的计划。

以下哪一个问题的答案最能帮助我们重新判断上述观点的正确性?

A. 这篇可行性报告是否由独立的顾问委员会成员撰写的?

B. 委员会的决定是否需要全体通过?

C. 王小名是否也在其他委员会任职,而这些委员会又不涉及规划、开发等问题?

D. 委员会发布报告是定期的还是有开发问题需要裁决的?

E. 其他委员会成员作为该委员会成员的历史有王小名长吗?

2. 王教授:三年前交通管理委员会改善了我镇最繁忙的一个十字路口的可见度,从而减少了那里的交通事故的发生。

李研究员:在过去的三年中,那个十字路口每周交通事故增加了而不是减少了,因此,那次改变增加了事故发生的概率。

以下哪个问题的回答对于评价李研究员的论述最有用?

A. 镇里出事的司机受伤的人数与未改善之前的人数之比为多少?

B. 当改善措施完成后,交通管理委员会的成员平均值勤多少时间?

C. 镇里大多数居民同意交通委员会的做法吗?

D. 邻近城镇在过去三年中在改善危险路段可见度方面采取了什么样的措施?

E. 过去三年中这个镇的最繁忙十字路口的车流量的改变情况如何?

3. 随着年龄的增长,人体对卡路里的日需求量逐渐减少,而对维生素的需求却日趋增多。因此,为了摄取足够的维生素,老年人应当服用一些补充维生素的保健品,或者应当注意比年轻时食用更多的含有维生素的食物。

为了对上述断定作出评价,回答以下哪个问题最为重要?

A. 对老年人来说,人体对卡路里需求量的减少幅度,是否小于对维生素需求量的增加幅度?

B. 保健品中的维生素,是否比日常食品中的维生素更易被人体吸收?

C. 缺乏维生素所造成的后果,对老年人是否比对年轻人更严重?

D. 一般地说,年轻人的日常食物中的维生素含量,是否较多地超过人体的实际需要?

E. 保健品是否会产生危害健康的副作用。

4. 在上个打猎季节,在人行道上行走时被汽车撞伤的人数是在树林中的打猎事故中受伤的人数的2倍。因此,在上个打猎季节,人们在树林里比在人行道上行走时安全。

为了评价上述论证,以下哪项是必须知道的?

A. 下个打猎季节,在树林中打猎受伤的人数较上个季节减少的可能性。

B. 上个打猎季节,马路上的行人和树林中人数的比例。

C. 在上个打猎季节中,打猎事故中受伤的人中有多少在过去类似的事故中也受过伤。

D. 如果汽车司机和开枪的猎手都小心点儿，有多少事故可以避免发生。

E. 平均来讲，在非狩猎季节，有多少人在打猎事故中受伤。

5. 在关于公务员要不要实行末位淘汰制的争论中，张宏的论点是：实行末位淘汰制，能促使人们积极工作，从而提高了机关的工作效率。金晶的观点是：问题在于当一个公务员已经完成了自己的本职工作后，是否还应该被淘汰。

在一些机关试行了末位淘汰制后，确实提高了工作效率。以下哪项最为恰当地评价了这一事实对两人所持观点的影响？

A. 两人的观点都未受到影响。

B. 只有张宏的观点得到加强。

C. 两人的观点都得到加强。

D. 只有金晶的观点得到加强。

E. 张宏的观点得到加强，金晶的观点受到削弱。

主要参考书目

1. 陈波:《逻辑学是什么》,北京大学出版社,2007 年。

2. 黑格尔:《逻辑学》(上下卷),商务印书馆,2005 年。

3. 吴格明:《逻辑与批判性思维》,语文出版社,2003 年。

4. 谷振诣:《论证与分析——逻辑的应用》,人民出版社,2000 年。

5. 杨武金:《逻辑考前辅导教程》,清华大学出版社,2003 年。

6. 彭漪涟:《逻辑学基础教程》,华东师范大学出版社,2003 年。

7. 徐德清:《趣味逻辑》,上海古籍出版社,2005 年。

8. 金岳霖:《形式逻辑》,人民出版社,1997 年。

9. 何向东:《逻辑学教程》,高等教育出版社,2002 年。

10. 周建武:《GCT 逻辑》,清华大学出版社,2006。

11. 武宏志:《批判性思维——论证逻辑视角》,中国人民大学出版,2010 年。

12. 张晓芒:《逻辑是把斧子:日常说理的工具》,企业管理出版社,2010 年。

13. 王路:《逻辑的观念》,商务印书馆,2000 年。

14. 孙晏新:《心灵的哲学》,世界图书出版公司,2012 年。

15. 王克喜:《佛教逻辑发展简史》,中央编译出版社,2012 年。

致 谢

感谢江苏省哲学社会科学课题“高职生批判性思维培育”课题组成员廖海、郑传东、刘海滨、顾伟黎、胡芳芳、冯莹为课题结题付出的辛勤劳动。